TURENNE

ET

L'ARMÉE FRANÇAISE EN 1674

PAR

le Capitaine CORDIER

du 39ᵉ régiment d'infanterie

PARIS

LIBRAIRIE MILITAIRE DE L. BAUDOIN

IMPRIMEUR-ÉDITEUR

30, Rue et Passage Dauphine, 30

1895

TURENNE

ET

L'ARMÉE FRANÇAISE EN 1674

TURENNE

ET

L'ARMÉE FRANÇAISE EN 1674

PAR

le Capitaine **CORDIER**

DU 39° RÉGIMENT D'INFANTERIE

PARIS

LIBRAIRIE MILITAIRE DE L. BAUDOIN

IMPRIMEUR-ÉDITEUR

30, Rue et Passage Dauphine, 30

1895

TURENNE

ET L'ARMÉE FRANÇAISE EN 1674.

CHAPITRE PREMIER.

L'ARMÉE FRANÇAISE EN 1674.

1.

Il nous a semblé intéressant de rechercher quelles étaient la composition et l'organisation de l'armée française, à l'époque où Turenne fit sa célèbre campagne d'Alsace en 1674, de jeter un coup d'œil sur la façon dont on y comprenait la guerre et les devoirs des chefs d'armée, ainsi que sur la manière particulière dont procéda Turenne pour attacher à la fois la victoire à ses drapeaux, et à sa personne des troupes mercenaires de tous les pays d'Europe.

Nous commencerons par résumer les devoirs des officiers des divers grades d'après un ouvrage militaire de l'époque : *Maximes et instructions sur l'Art militaire*[1], par M...

Général d'armée. — « Le général d'armée doit avoir acquis une grande expérience par de longs services. Il doit savoir toutes les fonctions de ceux qu'il a sous ses ordres, connaître parfaitement le pays où il fait la guerre, posséder l'art militaire par pratique et par théorie, ainsi que l'art de parler et de commander. Il doit faire ses efforts pour que ses troupes aient confiance en lui, ce qu'il peut acquérir par son affabilité envers les officiers

---

[1] Supplément à l'*Histoire militaire de Louis le Grand*, par M. le marquis de Quincy (Mariette, Paris, 1726), tome VII, 2ᵉ partie.

et les soldats, par la justesse de ses projets et par l'exécution bien conduite de ses desseins. Il doit être magnifique et libéral, dépenser beaucoup en espions afin d'être parfaitement informé du mouvement de l'ennemi et ne point fatiguer ses troupes mal à propos. Il doit montrer dans l'action une grande présence d'esprit, afin de pourvoir à tout, et avoir le coup d'œil bon et juste pour prendre promptement et prudemment son parti dans l'occasion.

« Il doit avoir une grande sévérité pour ce qui concerne la discipline militaire.

« Il règle la marche d'une armée, dispose des campements, visite lui-même les gardes et les postes pour être assuré de la sécurité de son camp ; envoie des partis pour reconnaître la situation de l'ennemi ; il ordonne et dispose les fourrages, pourvoit à la sécurité des convois, commande et conduit toutes les grandes entreprises, comme les sièges, les attaques de postes et, à plus forte raison, l'attaque d'une armée.

« Le plus ancien régiment de l'armée lui fournit une garde composée de : un capitaine, un lieutenant, un enseigne, deux sergents et cinquante soldats. »

Conseils au Prince pour l'initiative à laisser au Général[1]. — « Le choix du général étant fait (et il faut aviser à le faire bon, parce que le prince met en sa main, non seulement sa réputation, mais la conservation ou la ruine de ses Etats et des peuples que Dieu lui a donnés à régir), il serait à désirer que le pouvoir qui lui est donné fût un peu plus absolu en certaines choses où quelquefois il est très limité, et que la liberté d'agir selon les occasions fût laissée à sa prudence ; car il est très malaisé qu'il ne se perde pas d'excellentes occasions d'agir et de rendre de signalés services, lorsqu'il faut, au lieu de prendre promptement une décision, envoyer demander à la Cour si l'on aura pour agréable qu'on la prenne.

« Tandis qu'on attend la réponse, les choses changent et ne se peuvent plus entreprendre quand l'autorisation arrive : par exemple, le général, avant de quitter la Cour, aura reçu des instructions pour tout ce qu'il devra faire pendant la campagne,

---

[1] De Lostelneau, *Le Maréchal de bataille*, p. 445 (Paris, 1647).

soit combattre, attaquer une place, etc...; mais en arrivant sur les lieux qu'il doit attaquer, il trouve les ennemis tout autrement disposés qu'il n'avait cru et les avis reçus à la Cour se trouvent être faux, ou bien la prévoyance des ennemis a rendu impossible l'entreprise que l'on devait tenter : il faut alors renvoyer à la Cour, où quelquefois on croira que le général cherche des difficultés là où il n'y en a pas, ou bien que d'autres considérations l'empêchent d'entreprendre ce qui est ordonné ; on lui renvoie de nouveaux ordres pour lesquels il trouve encore plus de difficultés. d'exécution et il est obligé de faire une nouvelle dépêche ; le temps coule ainsi et la campagne se passe presque entière en allées et venues, au lieu que si le général avait le pouvoir de changer en d'autres plus faciles les projets pour l'exécution desquels il éprouve de trop grandes difficultés, il aurait de grands avantages sur son ennemi.

« D'autre part, le général, considérant les pouvoirs qui lui seraient ainsi conférés, entreprendrait hardiment des actions glorieuses, mettrait tous ses soins à les faire réussir, tant pour sa propre gloire que dans la crainte d'être blâmé pour avoir mal entrepris ce qu'il aurait mal exécuté, au lieu qu'en se voyant les mains liées, cela le rend chagrin, il n'agit plus avec sa vigueur ordinaire et se sent quelquefois bien aise aussi de ce que rien de ce que la Cour a ordonné ne réussisse, croyant par là se venger des ennemis qu'il peut avoir dans le conseil. »

Lieutenants généraux [1]. — Les lieutenants généraux furent créés vers 1643 pour suppléer pendant l'hiver les généraux d'armée : Turenne fut un des premiers officiers revêtus de ce grade. Leur nombre dans une armée n'est pas fixe, il est réglé par la Cour. Les lieutenants généraux doivent posséder les mêmes qualités que le général ; ils ont leur jour, soit en campagne, soit dans un siège, suivant leur ancienneté. On leur donne souvent à commander des camps volants, ou bien des corps détachés de cavalerie, d'infanterie, des convois ou des fourrages.

---

[1] *Supplément à l'histoire militaire de Louis le Grand*, tome VII, 2e partie : p. 248 et suiv.

Tous les renseignements concernant les divers grades donnés ci-après sont extraits de cet ouvrage.

Maréchaux de camp. — Les maréchaux de camp sont chargés du campement de l'armée et sont accompagnés dans cette fonction par l'état-major de l'armée. Lorsqu'ils sont de jour, ils vont prendre l'ordre du général et le distribuent aux officiers du détail. Le plus ancien a son poste à la droite de l'armée et les autres selon leur ancienneté. Ils posent les grandes gardes à une demi-lieue ou environ de l'endroit où ils ont marqué le camp, laissant la répartition du terrain au maréchal des logis de l'armée et au major général qui le distribuent aux majors de régiment. Ils vont rendre compte ensuite au général de l'état du camp et reçoivent des ordres pour les gardes, les convois, les escortes et les partis qu'ils distribuent aux majors des brigades. Ils ont souvent des commandements de gros corps séparés, d'escortes ou de convois de fourrages. Ils doivent savoir la géographie et avoir une grande connaissance du pays.

Maréchal des logis de l'armée. — Chaque armée a un maréchal des logis de l'armée, sur qui roulent les campements et les marches des troupes : ce maréchal des logis doit parfaitement connaître le pays, afin de prendre de justes mesures pour que rien ne retarde les marches. Il va au campement avec le maréchal de camp, qui lui laisse le détail de la distribution des quartiers ou du terrain.

Major général de l'infanterie. — Cet emploi, établi par Louis XIV, demande beaucoup d'activité, parce que c'est sur lui que roulent tous les mouvements de l'infanterie. Le major général va prendre tous les soirs l'ordre et inscrit sur ses tablettes tout ce qu'il y a à faire pour l'infanterie, afin de le distribuer ensuite aux majors des brigades, avec qui il règle les gardes et les détachements. Il tient un rôle de tous les officiers généraux, colonels et majors suivant leur ancienneté. Le jour d'une bataille, il reçoit du général le plan de son armée, pour avoir la distribution de son infanterie.

Il a sous ses ordres deux aides-majors généraux pour l'aider dans ses fonctions. Chaque brigade d'infanterie doit envoyer un sergent d'ordonnance chez lui.

Brigadiers. — C'est Louis XIV qui a créé les brigadiers. Il y en a de trois sortes : d'infanterie, de cavalerie et de dragons. Les brigades d'infanterie sont composées de quatre ou cinq bataillons et même de six ; celles de cavalerie ou de dragons, de huit ou dix escadrons.

Par ordonnance donnée en 1673, les brigadiers de cavalerie commandent ceux d'infanterie en campagne et ceux-ci commandent les brigadiers de cavalerie dans une place.

Maréchal des logis de la cavalerie. — Cet officier, remplissant les mêmes fonctions dans la cavalerie que le major général dans l'infanterie, doit avoir la même activité et le même soin du détail. Il a, pour l'aider, deux aides-maréchaux des logis. Chaque brigade de cavalerie doit envoyer chez lui un cavalier d'ordonnance pour porter les ordres qui surviennent.

Major de brigade d'infanterie. — Les majors de brigades de l'infanterie ont dans les régiments qui composent les brigades le même détail que le major général de l'infanterie pour toute l'armée, tenant un rôle des régiments de leur brigade, des commandants, des aides-majors, des capitaines et autres officiers, afin de connaître ceux qui doivent marcher. Il faut surtout qu'ils connaissent le fort et le faible de chaque régiment, ils reçoivent l'ordre du major général pour l'infanterie et du maréchal des logis de la cavalerie pour ce corps, ils le donnent aux majors et aides-majors de chaque régiment.

Inspecteurs. — Les inspecteurs ont été créés par Louis XIV ; il y en a d'infanterie et de cavalerie. Leurs fonctions consistent à passer la revue des troupes et à rendre compte au ministre du service des officiers. C'est sur leurs mémoires qu'on casse ceux-ci ou qu'on les avance.

Vaguemestre général. — Le vaguemestre général est chargé de faire charger, atteler et défiler les bagages d'une armée ; il va tous les soirs prendre l'ordre du maréchal des logis de l'armée et fixe l'endroit où le bagage de chaque brigade doit défiler. Il a plusieurs vaguemestres sous ses ordres. Il marche à la tête des colonels et des brigades.

Capitaine des guides. — La fonction du capitaine des guides est d'avoir auprès de lui un nombre suffisant de personnes sûres qui connaissent les chemins et le pays pour les répartir selon le besoin. Il doit fournir des guides pour les convois, les partis, pour chaque colonne, pour l'artillerie, les bagages, les vivres et les détachements qui marchent aux ailes de l'armée.

Lorsqu'il arrive dans un camp, il demande au maréchal de camp qui commande le campement quelques détachements pour aller dans les lieux voisins sommer les habitants de lui donner le nombre de guides nécessaires dont chaque village ou communauté où on les prend répond envers notre armée, et il fait garder ces guides à vue jusqu'à ce qu'il en ait trouvé d'autres. Il doit savoir la langue du pays où l'on fait la guerre.

Grand prévôt de l'armée. — Le grand prévôt est chargé de la police de l'armée ; il met le taux aux denrées dans les marchés et les quartiers, et empêche les soldats d'aller en maraude.

Cavalerie. — Le premier officier de la cavalerie est le *colonel général de la cavalerie* qui commande celle-ci partout ; il lui donne l'ordre du combat ; il a la liberté de se mettre à la tête de tous les détachements de ce corps que le général d'armée peut faire.

Mestre de camp général. — Le mestre de camp général est le second officier de la cavalerie ; il a la même autorité que le colonel général en l'absence de ce dernier.

Commissaire général. — C'est la deuxième charge de la cavalerie. La fonction de commissaire général est de tenir un état de la cavalerie, d'en passer la revue, de rendre compte au roi de la conduite des officiers ; mais d'ordinaire il commande la cavalerie dans l'armée où il sert.

Mestres de camp de cavalerie. — Quoiqu'on les nomme ordinairement colonels de cavalerie, on les appelle cependant mestres de camp, parce que dans la cavalerie il y a un colonel général. Les mestres de camp commandent à tous les officiers de leur régiment ; leur poste est à la tête du premier escadron de leur régiment, à trois pas devant les capitaines.

Lieutenant-colonel. — Le lieutenant-colonel commande le régiment en l'absence du mestre de camp ; son poste est à la tête du deuxième escadron.

Major. — La fonction du major est de faire les logements, de poser et relever les gardes, d'aller prendre l'ordre du major de brigade, de le porter au commandant du régiment; il n'a pas de compagnie depuis qu'on a fait des lieutenants-colonels. Autrefois, les majors étaient les plus anciens capitaines et commandaient en l'absence du mestre de camp. C'est l'emploi du plus grand détail du régiment. Il n'y en a pas en temps de paix.

Aides-majors. — Ce sont ordinairement des lieutenants qui aident et au besoin remplacent les majors dans leurs fonctions.

Capitaine de cavalerie. — Le capitaine doit visiter souvent ses cavaliers et ses chevaux.

Lieutenant. — Le lieutenant remplace le capitaine dans le commandement de la compagnie et prend place à sa gauche.

Cornette. — Le cornette porte l'étendard de la compagnie; il commande celle-ci en l'absence du capitaine et du lieutenant.

Une compagnie de cavalerie se partage en trois brigades sur lesquelles le capitaine établit un brigadier pour en avoir soin, ainsi qu'un maréchal des logis pour le logement de la compagnie.

Dragons. — Les chefs de corps des dragons s'appellent colonels, tous les autres officiers ont les mêmes appellations que dans la cavalerie. On nomme les commandants de ces régiments colonels parce qu'ils sont considérés comme étant plutôt de l'infanterie que de la cavalerie quoiqu'ils fassent les deux services. Dans un camp, ils sont toujours postés sur les ailes ou dans des postes avancés et ne sont jamais mis en ligne que quand le général manque de cavalerie. Dans les marches, ils sont toujours à la tête des colonnes. Lorsqu'ils mettent pied à terre pour quelque expédition, on commande deux dragons par rang qui arrêtent les chevaux avec une corde passée dans la bride de chaque cheval. Ils ont un colonel général et un mestre de camp général.

Carabiniers. — Les carabiniers ont été créés par Louis XIV en faveur du duc du Maine. On a tiré les carabiniers qui étaient dans les régiments pour en former un seul corps de cent compagnies, réduit, depuis la paix, à quarante. Ce corps est composé de l'élite de la cavalerie, comme les grenadiers de l'infanterie.

Infanterie. — Ce corps demande des officiers plus consommés dans l'art de la guerre que la cavalerie, parce que l'infanterie est employée dans toutes les occasions qui se présentent à la guerre.

On était plus empressé autrefois pour l'infanterie que pour la cavalerie, parce qu'on parvenait plus promptement à être officier général.

Le commandant des régiments d'infanterie ne porte le nom de colonel que depuis la mort du duc d'Épernon en 1661, date à laquelle la charge de colonel général de l'infanterie fut supprimée, son pouvoir étant trop étendu : on l'appelait mestre de camp auparavant. Le colonel général avait la nomination de toutes les charges de l'infanterie, il faisait rendre la justice en son nom et possédait une compagnie dans chaque régiment que l'on appelait la compagnie colonelle.

Les officiers d'un régiment d'infanterie sont :

Colonel. — Le colonel doit toujours être en état de conduire son régiment partout où il sera ordonné. Il doit prendre grand soin d'avoir l'amitié de ses officiers; il y parvient en usant avec eux d'une noble familiarité, en marquant un grand désintéressement, en vivant aussi honorablement que ses facultés le lui permettent. Il a pouvoir d'interdire et d'arrêter ses officiers lorsqu'ils ont manqué au service; mais il ne peut les punir sans en donner avis à la Cour et sans en informer le général ou le commandant de la place. Le poste du colonel un jour de bataille est à trois pas devant les capitaines, avec le hausse-col, l'esponton à la main.

Lieutenant-colonel. — C'est le roi qui choisit ordinairement le lieutenant-colonel parmi les officiers de service qui ont donné en plusieurs occasions des marques de valeur et de conduite, les colonels pour l'ordinaire étant des jeunes gens de qualité qui pensent moins au service qu'à leurs plaisirs. On prend communément pour cet emploi, lorsqu'il vient à vaquer, le plus ancien capitaine parce qu'il est rare que, parvenu à cette ancienneté, celui-ci n'ait pas toutes les qualités convenables pour s'en bien acquitter. Il doit être actif, vigilant et savoir toutes les fonctions des différentes charges du régiment. Son poste est à la gauche du colonel lorsque le régiment n'a qu'un bataillon, car lorsque celui-ci en a plusieurs, le colonel commande le premier bataillon et le lieutenant-colonel le second.

Majors d'infanterie. — Les majors d'infanterie n'ont point de compagnie à cause du grand détail dont ils sont chargés et pour leur épargner jusqu'au soupçon de favoriser leur compagnie. Leurs fonctions sont d'aller tous les soirs prendre l'ordre de celui qui commande. Quand le régiment est en corps d'armée ils vont le prendre chez le major général ou les majors des brigades et le rapportent ensuite au colonel, au lieutenant-colonel et aux sergents qu'ils assemblent.

Ils font faire les détachements pour les escortes des convois, les gardes, les partis, et se trouvent au rendez-vous pour les recevoir et les faire marcher. Ils donnent l'ordre de la marche à l'heure du départ, ils avertissent les capitaines, font sortir les drapeaux du quartier, dressent les bataillons et les font marcher.

Ils font les logements du régiment; si l'on est en campagne en corps d'armée, ils distribuent à chaque compagnie le terrain qui lui est destiné; ils font poser en faisceaux les armes des soldats, mettre les gardes à la tête des bataillons et ont grand soin de visiter les armes et les cartouches. Ils ont l'œil à ce que le devant du camp soit toujours propre, à ce qu'il y ait des latrines et à ce que celles-ci soient renouvelées pour éviter l'infection. Aucune compagnie ne doit entrer ni sortir de son poste sans la permission du major. Celui-ci fait la répartition de ce qui le regarde, tant pour les vivres que pour les habillements. Il tient un rôle du rang des officiers des compagnies; il va chez le trésorier recevoir l'argent et le distribue aux capitaines et autres officiers. Dans les conseils de guerre, le major donne ses conclusions comme un procureur du roi. Le jour d'une bataille il est à cheval et se porte partout pour faire exécuter les ordres qu'il reçoit. Il a la paye de capitaine.

Aide-majors. — Les aide-majors ont pour fonctions d'aider le major. Ils doivent aussi se tenir à cheval pendant le combat. Ils ont d'ordinaire la commission de capitaine et la paye de lieutenant. Ils ont pour les aider des « garçons » ou « sous-aide-majors », qui exécutent les ordres qu'ils leur donnent.

Capitaines d'infanterie. — Les capitaines ont le pouvoir de créer les sergents, les caporaux et les anspessades de leur compagnie, mais ils ne peuvent les casser de leur autorité. Ils ont attention à faire payer le prêt aux soldats tous les cinq jours. Ils en chargent ordinairement leur « sergent d'affaires ». Dans les routes ils doivent faire marcher en bon ordre, empêchant que personne ne s'écarte pour aller piller, ce qui fait perdre souvent les meilleurs soldats parce que ces maraudeurs sont assommés par les paysans. Ils doivent faire faire à moitié chemin des haltes de deux heures.

Lieutenants ou sous-lieutenants. — Les fonctions des lieutenants ou sous-lieutenants sont les mêmes que celles des capitaines qu'ils remplacent en leur absence ; ils doivent surtout observer la conduite des sergents et des caporaux pour les tenir dans le devoir. Il faut pour cela qu'ils se trouvent tous les jours au « drapeau » à l'heure où les soldats prennent la garde, afin de vérifier si leurs armes sont en bon état. Les sous-lieutenants ont été créés depuis la suppression des enseignes en 1668 ; il n'y en a pas en temps de paix. Les lieutenants ou sous-lieutenants roulent entre eux pour le service.

Enseignes. — Il n'y a que la compagnie du colonel et celle du lieutenant-colonel d'un régiment qui aient des enseignes, excepté dans le régiment des gardes où chaque compagnie en a un. Le jour d'une bataille, on place l'enseigne, qui porte son drapeau lui-même, dans le centre entre le deuxième et le troisième rang. Il doit périr plutôt que d'abandonner son drapeau. On porte les drapeaux, accompagnés d'un détachement, chez le colonel.

Maréchal des logis d'un régiment d'infanterie. — La fonction de cet officier était de loger le régiment, de distribuer aux fourriers les quartiers de chaque compagnie, d'aller tous les jours prendre l'ordre chez le maréchal des logis de l'armée et de le porter au colonel. Il accompagnait le maréchal de camp au campement et faisait autant de quartiers qu'il y avait de compagnies et ces quartiers étaient tirés au sort par les fourriers. Actuellement, les colonels donnent la paye de cet officier à un autre officier, généralement à un aide-major.

Sergents. — Les sergents tiennent un rôle des noms des soldats et de leur logement. Ils doivent les visiter dans leurs logements le soir et le matin, et surtout après la retraite battue. Ce sont eux qui posent le corps de garde et les sentinelles dans les endroits marqués. Ils vont prendre l'ordre tous les soirs, un sergent de chaque compagnie se rend à la place d'armes pour recevoir l'ordre du major, autour duquel tous les sergents commandés s'assemblent en rond et chapeau bas. Le major donne le mot à l'oreille du plus ancien qui est à sa droite et le mot se transmet ainsi de la droite à la gauche. Ce sont les sergents qui reçoivent les vivres et les munitions des compagnies, qu'ils donnent ensuite aux caporaux, lesquels en font la répartition dans leurs escouades. Le capitaine choisit dans les sergents le plus ancien et le plus fidèle, et le charge des prêts. Enfin, c'est sur les sergents que roule presque tout le détail des compagnies; c'est eux qui sont chargés d'instruire les soldats au maniement des armes.

Caporaux. — On partage une compagnie d'infanterie en trois escouades qui sont commandées chacune par un caporal dont les fonctions sont de tenir le rôle de son escouade, d'instruire les soldats de tout ce qu'ils ont à faire et d'empêcher des querelles; lorsqu'il en arrive, ils doivent aussitôt prévenir le capitaine pour que celui-ci y mette ordre, car les caporaux n'ont pas le pouvoir de frapper les soldats. Ils peuvent seulement les punir en leur donnant des factions de fatigue. Ils posent et changent les sentinelles et les instruisent de ce qu'elles ont à faire.

Les anspessades ont été établis pour soulager les caporaux; ils font les rondes dangereuses et les sentinelles perdues.

Fourriers. — Les fourriers tiennent un rôle de la compagnie et la logent dans le quartier que le maréchal des logis du régiment ou celui qui en fait les fonctions ont marqué.

Soldats. — Les soldats doivent connaître tous les officiers pour leur porter tout le respect qu'ils leur doivent. Ils ne doivent pas coucher hors du quartier ou du camp sans congé. Leur paye est de cinq sous par jour dont on leur en retient un pour leur entretien. Ils n'ont qu'un sou en campagne, une ration de pain et de la viande. Les piquiers avaient dix sous de plus par mois que les mousquetaires, mais il n'y en a plus; tous les soldats ont à présent des fusils et des baïonnettes.

Mousquetaires du roi. — Il y a deux compagnies de mousquétaires du roi qui ont été chacune de deux cent cinquante hommes sous Louis XIV. Chaque compagnie comprend un capitaine-lieutenant, parce que le roi est capitaine, deux sous-lieutenants, deux enseignes, deux cornettes, huit maréchaux des logis, quatre brigadiers, treize sous-brigadiers, un porte-étendard et un porte-drapeau. La jeune noblesse du royaume apprend dans ces compagnies le service de l'infanterie et de la cavalerie, la discipline et l'art de la guerre ; c'est une école excellente qui a fourni aux armées un grand nombre d'exacts et de bons officiers.

Officiers de police d'une armée. — Ce sont les intendants, les commissaires et les trésoriers. L'intendant tient la main à la police, au payement des troupes, à la fourniture des vivres et des fourrages suivant les revues, au réglement des contributions, à l'établissement des sauvegardes, à celui des hôpitaux et à l'exécution des ordonnances royales.

Le commissaire passe la revue tous les quinze jours; il tient un état de la force de chaque régiment et de chaque compagnie.

Les trésoriers font le payement de l'armée et des troupes et délivrent l'argent selon l'ordre du général et les mandatements de l'intendant.

Commandant de l'artillerie. — Le commandant de l'artillerie, du grade de lieutenant-général, doit connaître la construction des chariots, des canons et des fusils. Il est de son intérêt d'avoir un ou deux lieutenants en second, autant de commissaires provinciaux qu'il lui faudra pour mettre à la tête des brigades, un bon commissaire du parc qui soit exact et rompu à ce détail; un major bien intelligent et actif, un capitaine général du charroi, entendu et vigilant, qui sache prendre l'autorité convenable sur le charroi.

Le commissaire du parc est chargé de toutes les munitions que l'on mène en campagne.

Le major a le détail pour l'exécution de tous les ordres du commandant de l'artillerie; il marche au campement avec le maréchal de camp.

Le capitaine général du charroi a soin de faire atteler toutes les voitures qui composent l'équipage et de faire faire le service des chevaux.

Voici maintenant, d'après un projet présenté par l'ouvrage auquel nous venons d'emprunter tous ces extraits, de quelle façon il faudrait composer la première brigade d'un équipage de campagne d'artillerie de 1000 chevaux répartis en sept brigades et une brigade de parc :

1 chariot de 300 outils.	4	chevaux
4 pièces de canon de 24 de nouvelle invention. .	48	—
3 chariots de poudre nette.	12	—
8 caissons de boulets à raison de 50 boulets, 10 cartouches et 6 paquets de mèche par caisson.	32	—
5 chariots composés chacun de 3 tonnes de poudre, 3 barils de plomb et 1 de 900 pierres à fusil.	20	—
2 chariots pour les officiers de la brigade. . .	9	—
Total.	132	chevaux

La deuxième brigade est composée de la même façon que la première, mais comprend huit pièces de 8 au lieu de quatre pièces de 24.

Nous croyons devoir faire remarquer à présent combien la composition de l'armée française au xviie siècle se rapproche de la composition actuelle de l'armée allemande, dans laquelle la compagnie comprend encore trois pelotons, par analogie aux trois escouades françaises du temps de Louis XIV, et dans laquelle il existe encore des généraux d'infanterie, de cavalerie, ainsi que des inspecteurs.

Il semble aussi nécessaire d'insister sur le droit dévolu à la même époque aux capitaines français de nommer eux-mêmes les sous-officiers de leur compagnie, droit qui correspond à peu près à l'avancement par compagnie, qui existe encore actuellement chez les Allemands.

II.

Maniement des armes et évolutions en 1647 [1]. — Nous empruntons maintenant, en les résumant le plus possible, au *Maréchal de bataille*, ouvrage publié par le sieur de Lostelneau, maréchal de bataille des camps et armées de Sa Majesté et sergent-major de ses gardes françaises, les indications suivantes sur le maniement du mousquet ainsi que sur les évolutions du bataillon. Nous nous contenterons de dire que chacun des 32 temps du

---

[1] *Le maréchal de bataille*, p. 5 et 6.

maniement et de la charge du mousquet sont représentés par une gravure sur l'ouvrage dont nous venons de parler, que le mousquetaire portait l'arme sur l'épaule gauche et tenait en outre dans sa main gauche la fourchette sur laquelle il appuyait son mousquet pour tirer, tandis que la main droite portait la mèche allumée autour du poignet et faisait manœuvrer le serpentin pour amener l'extrémité de cette mèche contre la poudre d'amorce du bassinet. « Pour bien exercer les soldats, est-il dit plus loin, il les faut mettre à 6, 8 ou 10 de hauteur, toutefois 8 est le nombre le plus commode pour les doublements de rangs et pour une plus grande justesse de la manœuvre; mais cela n'empêche pas que les soldats ne se puissent exercer en quelque front et hauteur qu'on les puisse mettre, lorsqu'on n'aura pas le nombre exact tant pour le front que pour la hauteur.

« La plupart des officiers font commencer les exercices par les évolutions, mais mon opinion est qu'il faut commencer par le maniement des armes; on place d'abord tous les mousquetaires ensemble en une main, les piquiers en une autre main, soit pour un bataillon de 256 soldats : 128 mousquetaires et 128 piquiers à 8 de hauteur et 32 de front. Une fois le maniement d'armes appris et terminé, on partagera les mousquetaires au demi-rang, c'est-à-dire qu'on en laissera la moitié à la gauche des piquiers et que l'on fera passer l'autre moitié à la droite de ceux-ci en se glissant par les intervalles qui séparent les piquiers. On a ainsi une masse de 16 piquiers de front sur 8 de profondeur encadrés à droite et à gauche par une manche de 8 mousquetaires de front sur 8 de profondeur.

« Il y a lieu de faire remarquer qu'il doit y avoir trois pas de distance entre chaque rang et un pas entre chaque fi le.

« Les mousquetaires serrent les rangs et les files pour exécuter les feux, le premier rang tire et s'écoule moitié par la droite, moitié par la gauche pour se reformer derrière le sixième rang et charger le mousquet, le deuxième rang tire ensuite et s'écoule de même et ainsi de suite.

« Dans le feu derrière les haies, les trois premiers rangs se mettent à genou, le sixième rang tire le premier et par-dessus les autres. » Le but cherché dans l'exécution de ces deux sortes de feux est d'avoir toujours des hommes prêts à faire feu, ce qui était très important, vu le temps nécessaire pour charger le mousquet.

Évolutions [1]. — « Le feu prince d'Orange Maurice de Nassau est un des premiers qui ait trouvé le moyen de mettre les bataillons en état de résister même en pleine campagne à la cavalerie ; à cet effet, il faisait vider le centre des bataillons, habituait ceux-ci à faire face dans toutes les directions et mettait ses mousquetaires à couvert de la cavalerie en présentant seulement les piques de ses piquiers à la cavalerie, tandis que les mousquetaires, après avoir fait feu, se retiraient dans les intervalles des rangs des piquiers pour sortir de nouveau après avoir rechargé leur mousquet et faire une nouvelle décharge. Il n'a pas seulement mis de cette façon ses mousquetaires à couvert, mais il y a mis aussi ses drapeaux et ses bagages.

« Entre autres bataillons qu'il a inventés et dont il s'est servi dans diverses rencontres, sa grande Croix de Lorraine est une forteresse d'hommes qui semble inébranlable.

« Le sieur de Lostelneau, mon oncle et mon devancier dans la charge de major des gardes du roi, est le premier en France qui ait établi l'usage de dresser ainsi les bataillons, et qui ait trouvé des règles faciles et très promptes pour vider les centres et les carrés en dedans, quand même le nombre des hommes serait impair et j'ose dire, à son avantage, qu'il a réduit ce métier à des règles infaillibles d'où des milliers d'officiers en France ont tiré ce qu'ils savent aujourd'hui. »

Plusieurs ont glosé sur la formation des bataillons contre la cavalerie, disant qu'elle est inutile, qu'on n'a jamais le temps de les former, et que cela n'est bon qu'à voir au Pré-aux-Clercs, mais si ceux-là s'étaient trouvés quelquefois en rase campagne avec de l'infanterie qui ait été attaquée par de la cavalerie, ils en auraient un tout autre sentiment. Ceux qui se trouvaient à la bataille de Rocroi, gagnée par M. le duc d'Enghien, l'an 1643, purent voir les efforts et les services que rendit le régiment de Picardie, mis en forme d'octogone par le sieur de Pédamons, l'un de ses capitaines qui, en ce jour-là, se signala également à la conduite des enfants perdus de ce corps.

Le bataillon ordinaire comprend en tout 640 hommes, à savoir : 320 mousquetaires et 320 piquiers à 8 de hauteur et 80 de front.

---

[1] *Le Maréchal de bataille*, p. 241 et suiv.

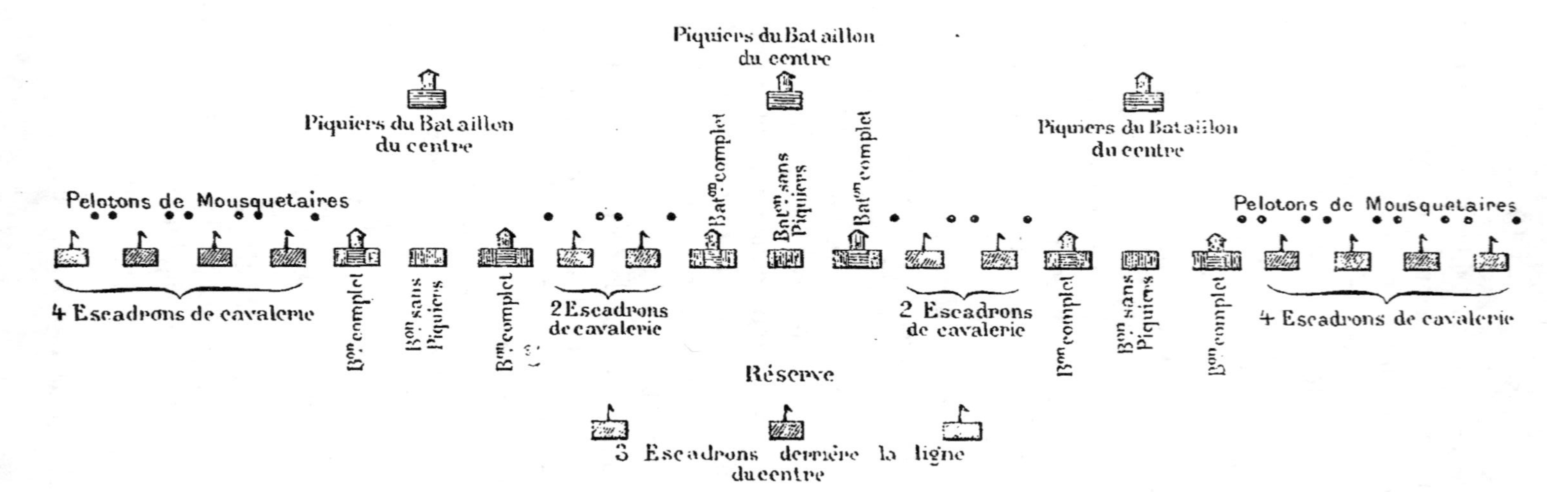

Piquiers du Bataillon du centre
Piquiers du Bataillon du centre
Piquiers du Bataillon du centre
Pelotons de Mousquetaires
Pelotons de Mousquetaires
Bon complet
Bon sans Piquiers
Bon complet
Bat. complet
Bon sans Piquiers
Bat complet
Bon complet
Bon sans Piquiers
Bon complet
4 Escadrons de cavalerie
2 Escadrons de cavalerie
2 Escadrons de cavalerie
4 Escadrons de cavalerie
Réserve
3 Escadrons derrière la ligne du centre

Une des évolutions proposées par de Lostelneau est la suivante : les piquiers au milieu du bataillon, sur 40 de front et 8 de hauteur, prolongés à droite et à gauche par 5 files de mousquetaires sur 8 de hauteur ; puis, en avant et sur la diagonale de chaque angle du rectangle ainsi formé, un peloton de mousquetaires de 15 hommes de front sur 8 de hauteur,

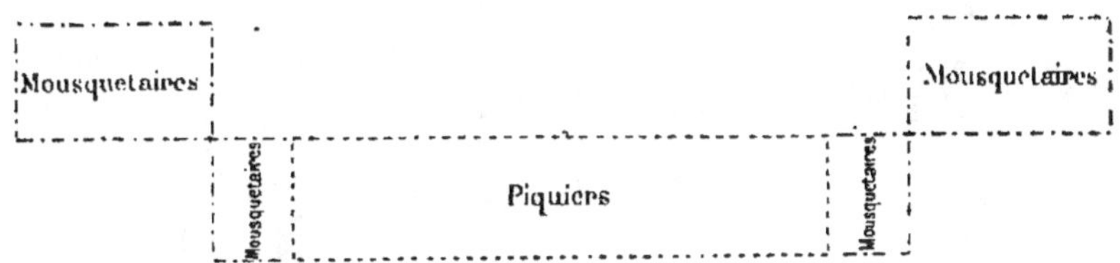

Ordres de bataille. — On peut citer comme ordres de bataille caractéristiques de l'époque, les ordres de bataille suivants :

1° Ordre de bataille de 9 bataillons d'infanterie groupés en 3 brigades à la suédoise, et de 12 escadrons de cavalerie ; à chacun de ces escadrons sont joints deux pelotons de mousquetaires à 10 de front et 3 de hauteur, soit en tout 720 mousquetaires pour les 12 escadrons. Toutes ces troupes forment la première ligne : il n'y a en deuxième ligne que 3 escadrons de réserve placés derrière le centre.

Nous croyons devoir insister sur la particularité de cette formation qui place des pelotons de mousquetaires sur 3 rangs de profondeur en première ligne ; c'est évidemment là un embryon des tirailleurs actuels qui devaient se retrouver à peu près ce qu'ils sont aujourd'hui, parmi les mousquetaires détachés en avant de l'armée et que l'on appelait les « enfants perdus des corps ».

2° Ordre de bataille de 26 bataillons et de 20 escadrons.

On place : *a*) 12 bataillons à l'avant-garde ou première ligne, les mousquetaires sont détachés des piquiers afin de pouvoir joindre la cavalerie en cas de combat, et les piquiers sont placés en première ligne devant les mousquetaires ;

b) 8 bataillons au corps de bataille placés en alternant, comme le montre la figure, avec 12 escadrons, derrière les intervalles qui séparent les bataillons de première ligne ;

c) 6 bataillons et 8 escadrons à l'arrière-garde ou réserve.

Dans d'autres exemples fort nombreux d'ordres de bataille,

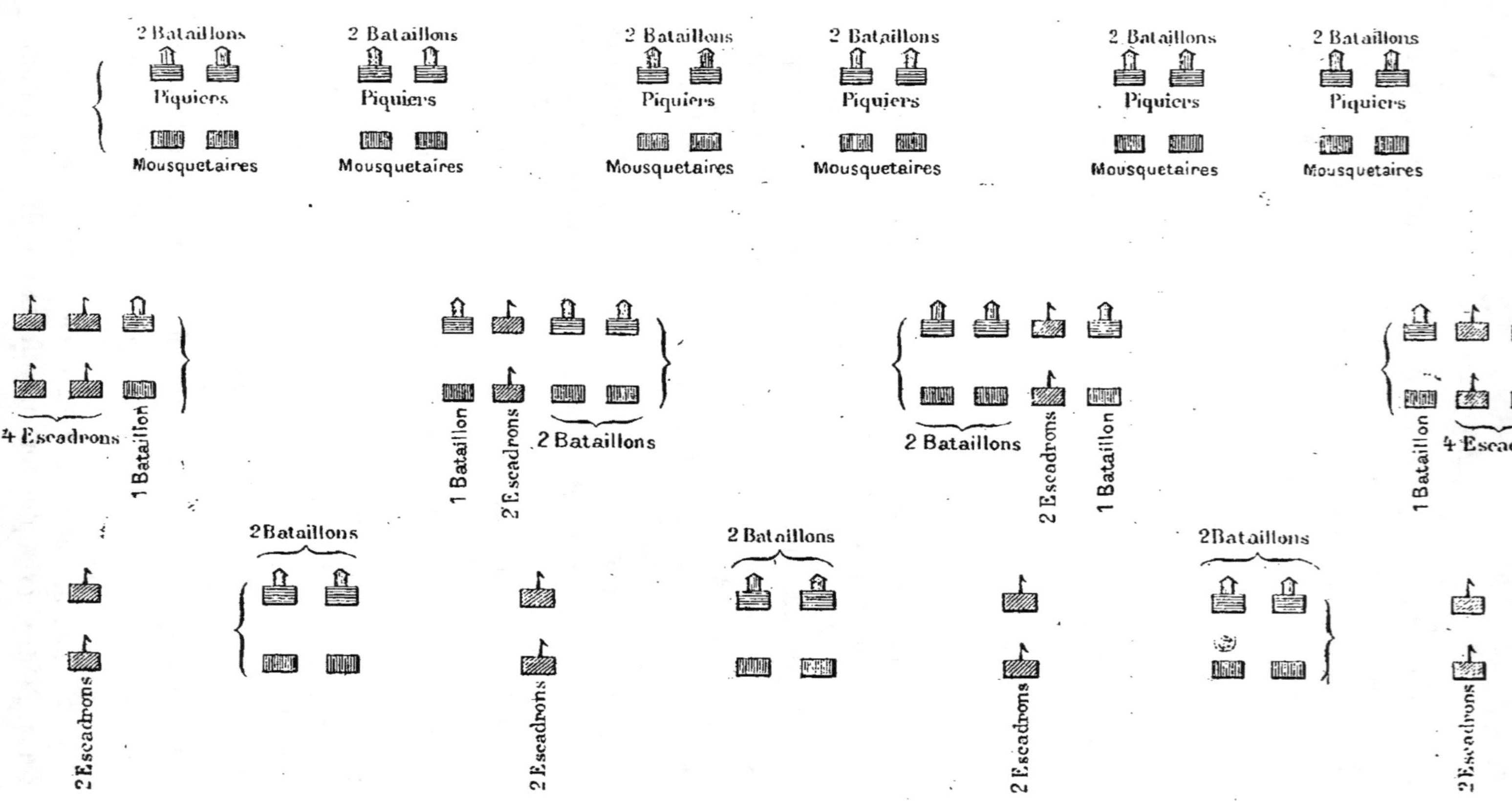
2 Bataillons
Piquiers
Mousquetaires
2 Bataillons
Piquiers
Mousquetaires
2 Bataillons
Piquiers
Mousquetaires
2 Bataillons
Piquiers
Mousquetaires
2 Bataillons
Piquiers
Mousquetaires
2 Bataillons
Piquiers
Mousquetaires
4 Escadrons
1 Bataillon
2 Escadrons
1 Bataillon
2 Escadrons
2 Bataillons
2 Bataillons
2 Bataillons
2 Escadrons
1 Bataillon
1 Bataillon
4 Escadrons
2 Escadrons
2 Bataillons
2 Escadrons

on trouve des combinaisons diverses de l'infanterie, de la cavalerie et de l'artillerie ; l'un forme toutes les troupes sur une seule ligne intercalant des escadrons et des canons avec de l'infanterie, la majorité de la cavalerie aux ailes, avec une réserve placée derrière le centre d'un bataillon d'hommes commandés (on appelle hommes commandés, les hommes prélevés pour ce service sur les divers bataillons de l'armée); une autre comporte une première ligne de cavalerie, les escadrons groupés par 2 et les canons sur cette même ligne à côté de chacun des groupes du centre, une deuxième ligne d'infanterie, chaque bataillon derrière les intervalles qui séparent les groupes d'escadrons, une troisième ligne de cavalerie de réserve et une quatrième ligne d'un bataillon de réserve.

Une troisième formation place l'infanterie et la cavalerie alternant et en échelons, l'artillerie tantôt devant les bataillons d'infanterie, tantôt sur leurs flancs, la réserve composée des deux armes. Un autre ordre de bataille présente enfin un bataillon alternant avec un escadron, puis un groupe de 5 escadrons formant redan au centre de la ligne et à chacune des ailes, les canons placés en avant des bataillons et encadrés par 2 pelotons de mousquetaires fournis par chaque bataillon.

D'autres ordres de bataille comportent 3 lignes plus une réserve.

Dans tous ces exemples et la plupart de ceux présentés par de Lostelneau, les piquiers sont au milieu des mousquetaires dans leur bataillon et non pas séparés d'eux comme le montre la figure 3.

Beaucoup d'ordres de bataille, que nous n'avons pas cités, présentent une forme géométrique, hexagone, octogone, croix simple, croix de Lorraine, etc., avec de nombreux emprunts aux formes de la fortification.

Devoirs du général en campagne[1]. — Le général aura soin d'envoyer de petits partis de gens à cheval devant l'armée ainsi que sur les deux flancs et par derrière, à une distance d'au moins une lieue, afin qu'il ne puisse être surpris durant sa marche, et qu'il soit averti de tout ce qui se passe par le chef de ces partis ;

---

[1] *Le Maréchal de bataille*, p. 388 et suiv.

il fera détacher en outre des enfants perdus par tous les corps d'infanterie. Il commandera ensuite au maréchal de camp de jour de désigner l'avant-garde, laquelle sera suivie à 500 pas de distance par le corps de bataille ; l'arrière-garde marchera à douze ou quinze cents pas du corps de bataille ; le gros canon marchera avec la bataille et quelques petites pièces à l'arrière-garde.

Le maréchal de bataille, accompagné de quelques aides de camp, s'avancera avec les coureurs et les enfants perdus, menant avec lui des pionniers pour raccommoder les chemins, en sorte que son mouvement en avant ne soit retardé ni par le passage des canons ni par celui des bagages.

Une fois l'armée rassemblée au rendez-vous, le général commandera au maréchal de camp de jour de faire marcher l'avant-garde, qu'il verra partir lui-même ; il assistera de même au départ de la bataille, à celui de l'arrière-garde et à celui des troupes de la réserve, ou du moins, s'il n'y assiste pas, il y enverra des aides de camp.

Sa place ordinaire doit être à la bataille, mais il doit souvent aller d'un corps à l'autre pour voir ce qui s'y passe ; s'il va aux ennemis, il marchera souvent à l'avant-garde, et s'il fait une retraite, à l'arrière-garde, pour être d'autant plus tôt averti des mouvements de l'ennemi ; mais, en cas de combat, il doit être à la bataille, où tous les officiers iront lui rendre compte à chaque instant de ce qui se passe et prendre ses ordres.

Les généraux de l'artillerie, de l'infanterie et de la cavalerie doivent aussi se promener souvent aux endroits où il y a des troupes de leur corps, pour veiller à ce que tout soit en bon ordre ; mais, en cas de combat, le général doit leur indiquer la place où il lui plaira qu'ils soient, du moins aux deux derniers, car pour le général d'artillerie, il est hors de doute qu'il doit être où se trouve le gros canon à la bataille, pour de là donner ses ordres à tout le reste de l'artillerie.

D'autre part, le maréchal de bataille, après avoir donné ses ordres pour le raccommodement des chemins et laissé un aide de camp pour la conduite de ce travail, s'en viendra rejoindre l'armée et ira continuellement en visiter tous les corps pour voir si la marche se fait bien et dans l'ordre qui a été fixé ; il ne doit pas souffrir qu'aucun officier ou soldat, tant de pied que de cheval, quitte son rang ou le poste où il aura été mis, et il doit prendre garde, pendant l'étape, à la manière dont marchent les troupes et à leur force, pour en rendre compte au général, ainsi que de toutes choses ; il ira souvent auprès des maréchaux de camp, notamment auprès de celui de jour pour leur donner avis de ce qui se passe pendant la marche.

Détail de la mise en marche. — Le maréchal de bataille doit apporter une grande diligence à ranger l'armée en bataille en diverses formes pour pouvoir la faire combattre en tous lieux, à toute heure, sans confusion et avec avantage, ce qui est la principale partie de sa charge. A cet effet, si l'armée doit marcher, il tâchera de savoir exactement la disposition du chemin qu'elle doit tenir, en fera son rapport au maréchal de camp qui est de jour, afin de régler avec lui en quel ordre l'armée pourra marcher avec plus de commodité et de sûreté.

L'ordre de marche étant établi, il en fera plusieurs copies signées de lui et en baillera une au général, une au maréchal de camp de jour, une à celui qui commande l'artillerie, une à chacun de ses aides de camp, une aux majors de brigade, une au maréchal des logis de la cavalerie, une au général des vivres et une au capitaine des bagages, afin que chacun sache où marcher pour éviter la confusion, et que ses aides de camp, ainsi que les majors de brigade et le maréchal des logis de la cavalerie puissent le soulager dans la direction de la marche en faisant placer toutes les troupes selon l'ordre qui aura été prescrit.

L'heure du partement étant venue, le maréchal de bataille se rendra au rendez-vous qu'il aura donné à toutes les troupes de l'armée, et à mesure que celles-ci arriveront, il les placera dans l'ordre où elles devront marcher ; il prendra le même soin pour l'artillerie, les vivres et le bagage, et quoiqu'il soit assisté par les officiers sus nommés, il ne s'en rapportera qu'à ses propres yeux.

Il fera marcher ensuite l'armée en bataille en une ou plusieurs colonnes selon la commodité des chemins.

Mise en bataille. — Pour faire tous les ordres de bataille, tant d'infanterie que de cavalerie, il faut, si le terrain le permet, mettre tous les bataillons et escadrons sur une même ligne, afin de pouvoir ensuite en tirer avec facilité les trois fractions : avant-garde, bataille et arrière-garde, et les ranger à cet effet, de telle sorte qu'elles puissent marcher au combat sans en être empêchées les unes par les autres.

Les bataillons, pour pouvoir servir utilement, ne doivent pas comprendre plus de 1000 hommes chacun à 10 de hauteur, et l'escadron de cavalerie plus de 100 maîtres sur 10 de hauteur, selon l'opinion des plus expérimentés capitaines.

Évolutions en 1726. — Après avoir résumé les indications données en 1647 par de Lostelneau sur la tactique et les marches d'une armée, nous croyons devoir citer, à titre de comparaison, les renseignements donnés en 1726 par les *Maximes et Instructions sur l'Art militaire* [1] établies d'après l'expérience des guerres précédentes.

Manière de disposer un escadron pour le mener au combat. — Chaque escadron est composé de 4 compagnies qui étaient chacune de 35 maîtres avant la réforme, soit 140 hommes que l'on met sur trois rangs ; il y a 4 officiers par compagnie et 16 par escadron.

On a soin de choisir les meilleurs cavaliers pour les mettre au premier rang.

Il y a ordinairement 20 maîtres commandés à chacun des escadrons, dont le commandant peut se servir lorsqu'il le trouve à propos, soit pour faire tirer d'abord sur les ennemis en flanc, pendant que l'escadron les charge, ou pour les pousser lorsqu'après une charge ils seront rompus. Les cavaliers ainsi commandés ont le mousqueton haut ; ceux du premier rang peuvent s'en servir en chargeant, les autres rangs ont l'épée à la main.

Manière de disposer un bataillon pour le mener au combat. — Les bataillons sont composés de 12 compagnies de 45 soldats soldats chacune et une compagnie de grenadiers de pareil nombre, ce qui fait 585 hommes.

C'est pourquoi, en France, on compte qu'un bataillon est fort lorsqu'il conserve 500 hommes durant la campagne.

On plaçait autrefois les hommes sur cinq rangs à raison de

---

[1] *Maximes et Instructions sur l'Art militaire*, par M. * (Supplément à l'Histoire militaire de Louis-le-Grand, par M. le marquis de Quincy).

100 hommes de front ; mais, dans les dernières années on a trouvé plus à propos de les mettre sur quatre rangs, ce qui fait 125 hommes de front, desquels on a ôté la compagnie de grenadiers qu'on poste à la droite du bataillon, et le piquet, détachement de 50 hommes commandé par un capitaine, qu'on met sur le flanc gauche, ce qui ne donne en réalité que 100 soldats environ par rang dans le bataillon.

Le commandant du bataillon est placé devant le centre, assez en avant pour apercevoir tout le front du bataillon ; il a deux sergents assurés derrière lui et deux grenadiers ou fusiliers.

Le capitaine le plus ancien après le commandant du bataillon se tient devant la droite du bataillon, le deuxième plus ancien devant la gauche, mais moins en avant que le commandant et à deux pas des soldats ; ils ont aussi deux grenadiers ou fusiliers derrière eux.

Lorsque le bataillon marche à l'ennemi et que celui-ci est hors de portée, les capitaines et les officiers ont l'esponton à la main.

Lorsqu'on est près de l'ennemi et qu'on marche pour le combattre, tous les officiers se placent sur une même ligne ne formant qu'un rang en avant de la troupe, à l'exception du commandant, qui se met à deux pas en avant d'eux. On marche alors à preste, c'est-à-dire que les hommes présentent les armes prêtes à tirer ; mais depuis quelque temps on fait porter aux soldats leurs armes en chasseur, ce qui est moins embarrassant pour eux. On doit surtout préparer les soldats à ne point tirer et à essuyer le feu des ennemis ; on leur fait comprendre à cet effet que les grenadiers et fusiliers des ailes ou du centre, commandés derrière les capitaines, n'y sont placés que pour tirer si le commandant le juge à propos, mais qu'il ne faut pas que le corps du bataillon tire sans un nouveau commandement.

Le commandant observe avec attention la ligne des troupes avec laquelle il marche, afin de maintenir son bataillon à hauteur des bataillons de la droite.

Lorsque le bataillon est obligé de faire demi-tour pour tenir tête à l'ennemi qui se présente par derrière, la ligne des officiers et des soldats qui se trouve en queue doit serrer sur les rangs qui sont en avant.

D'après l'ouvrage *Fonctions des généraux ou l'Art de conduire une armée*, par M. de Grimaret, avec dédicace de Pierre Husson à Frédéric-Guillaume, prince héréditaire du royaume de Prusse [1], les détachements se font par compagnie pour partager entre celles-ci l'honneur, les fatigues ainsi que les pertes qui pourraient survenir.

Le service des partisans est organisé de la façon suivante [2] : « Le métier de partisan n'était pas autrefois trop du goût de l'officier; mais aujourd'hui tout ce qui se fait à l'armée convient à toux ceux qui en font partie, même jusqu'à être espion.

« Un officier qui veut faire un bon partisan doit connaître entièrement le pays où il est appelé à opérer, en savoir la langue et le patois, avoir dans chaque village des espions obtenus par menaces, par caresses ou par récompenses.

« Il ne doit pas s'engager mal à propos dans les villages ou les hameaux où il pourrait être cerné par un parti plus nombreux ou par les habitants du pays dont il doit toujours se défier, quelles que soient les relations qu'il puisse avoir avec eux.

« Une fois embusqué, il envoie prendre des nouvelles de l'ennemi dans les villages ou hameaux à proximité, mais il a soin de cacher toujours aux paysans qui lui donnent ces renseignements, le lieu où il est embusqué lui-même.

« Autant que faire se peut, il doit toujours marcher la nuit et s'embusquer de jour.

« On détache ordinairement des partisans dans toutes les directions pour être maître de la campagne et aussi pour tenir éloignés de l'armée les partis ennemis. »

Nous avons cru devoir citer en détail les prescriptions ci-dessus, bien qu'elles ne rentrent pas absolument dans les principes généraux que nous avons voulu seulement mettre en relief; mais l'application de ces procédés semble être devenue si fréquente dans l'armée allemande qu'il nous a semblé intéressant de faire ressortir ici que c'est à un ouvrage français qu'ils ont été empruntés.

Dispositions de l'artillerie pour un jour de bataille [1]. — Un

---

[1] DE GRIMARET, *Fonctions des généraux ou l'Art de conduire une armée* (Husson, in-12, 1712), p. 29 et suiv.

[2] *Ibid.*, p. 41.

[1] *Maximes et Instructions sur l'Art militaire.*

bataillon de Royal-Artillerie comprend dix compagnies qui doivent être composées de 47 hommes chacune.

Le commandant de l'artillerie doit avoir l'ordre de bataille de l'armée afin de pouvoir marquer par écrit aux commandants des brigades les troupes devant lesquelles leur brigade d'artillerie doit se poster. Il faut qu'il y ait à la suite de chaque brigade d'artillerie autant de chariots composés (munitions pour l'infanterie) qu'il y a de bataillons dans l'infanterie de la première ligne, de la deuxième ligne et de la réserve, et l'on doit prendre ses mesures de façon à pouvoir mettre en ligne autant de brigades de canons qu'il y a de brigades d'infanterie en première ligne, et à posséder assez de munitions pour tirer 100 coups par pièce de canon en outre des 30 cartouches de réserve. Sitôt arrivés à leur place de bataille, les chefs de brigade font remettre à chacun des bataillons dont les noms sont spécifiés sur l'ordre de l'armée un chariot ou charrette composés (munitions d'infanterie) dont les majors d'infanterie assurent immédiatement la distribution ; les chariots sont rendus tout chargés de munitions aux chefs de brigades par les bataillons qui sont suffisamment pourvus pour soutenir un combat, ce qui est le cas le plus fréquent, le général d'armée faisant d'ordinaire distribuer à l'infanterie, au moment de l'entrée en campagne, de la poudre et du plomb, en plus des 10 cartouches de sûreté que chaque soldat doit toujours conserver.

Il doit toujours y avoir quelques chariots composés en réserve au parc, et le commandant de l'artillerie doit avoir soin de faire connaître aux majors d'infanterie où ces chariots sont postés afin qu'ils puissent y trouver des munitions en cas de besoin.

Le commandant de l'artillerie recommande aux commandants de brigade de s'attacher à tirer plutôt sur les troupes ennemies que sur leurs batteries, ce qui ne doit pas empêcher de tirer quelques coups de canon de temps en temps sur celles-ci pour leur en imposer.

Si les ennemis sont battus, les brigades doivent accompagner les troupes qui poursuivent ceux-ci ou du moins une partie des brigades, parce que souvent on a besoin du canon pour chasser l'ennemi de certains postes.

Si, au contraire, il arrivait que la première ligne fût battue, le commandant de l'artillerie replierait ses brigades sur la deuxième ligne, et demeurerait près de celles-ci jusqu'à la dernière extrémité avec son canon, pour favoriser la retraite des troupes.

Marches. — Les grandes armées marchent ordinairement sur trois colonnes; les troupes de la droite prennent le chemin de la droite; l'artillerie et le gros bagage marchent dans le centre par le chemin le plus frayé et le plus ferme à cause de leur pesanteur et pour leur sûreté; les troupes de la gauche forment la colonne de gauche.

Il doit toujours y avoir quelques escadrons en tête des colonnes; ce sont ordinairement des dragons accompagnés de travailleurs avec un chariot d'outils pour raccommoder les chemins.

Les petites armées peuvent marcher sur une seule colonne; l'artillerie et les bagages entre l'avant et l'arrière-garde, les dragons et la cavalerie de l'aile de l'armée par laquelle on marche se trouvant en tête. Si cette armée était obligée de se mettre en bataille pendant la marche, l'avant-garde formerait une des ailes, l'infanterie qui la suit se placerait au centre; la cavalerie et les dragons de l'arrière-garde formeraient l'autre aile. Pendant ce temps l'artillerie qui doit marcher au centre de l'infanterie irait prendre son poste par brigade à la tête de l'infanterie.

Ordres de bataille. — Il faut que, placées en ordre de bataille, les troupes puissent se soutenir les unes les autres sans confusion, de façon que si l'une est rompue elle ne renverse pas celles qui se trouvent plus en arrière. On doit chercher à combattre sur le plus grand front possible, afin de ne pas courir le risque d'être entouré par l'ennemi.

D'ordinaire on met l'armée sur deux lignes à peu près de même force, l'infanterie au centre et la cavalerie aux ailes.

M. de Turenne a souvent entremêlé les bataillons d'escadrons, ainsi que M. de Montecuculli, afin que les troupes puissent se soutenir réciproquement

La raison qu'il en donnait était qu'on se servait, dans une action, de l'infanterie, de la cavalerie et de l'artillerie, et que ces trois corps devaient toujours être à portée de se soutenir mutuellement, ce qui les rend invincibles. Malgré ce raisonnement, toute l'Europe suit présentement l'usage de mettre l'infanterie au centre et la cavalerie aux ailes. La deuxième ligne doit se trouver à 300 pas de la première et le corps de réserve à 500 ou 600 pas de la deuxième ligne, les escadrons et bataillous étant postés vis-à-vis des intervalles de la première ligne. Quand l'ennemi a des forces à peu près égales, il se campe le plus avantageusement qu'il peut sans se retrancher, ayant sa droite et sa gauche appuyées à quelque village qu'il fait garder par l'infanterie et dans lequel celle-ci se retranche d'ordinaire.

Au cas où il y a des villages retranchés à enlever, il est indispensable de les faire attaquer par de la bonne infanterie soutenue par des réserves. Mais, on doit engager d'abord un gros feu d'artillerie qui dure longtemps, avant que l'infanterie n'en vienne aux mains ; l'effet de ce feu a pour but de porter la terreur dans les troupes ennemies et d'obtenir que l'infanterie d'attaque trouve ainsi moins de résistance.

On fait assez souvent, en France, la première ligne plus forte que la deuxième, parce que le premier avantage ou désavantage obtenu par les Français entraîne souvent le gain ou la perte de la bataille.

L'artillerie se place toujours à la tête de la première ligne, les plus grosses pièces vis-à-vis du centre de l'infanterie et les petites pièces vis-à-vis l'intervalle qui sépare l'infanterie de la cavalerie des ailes.

Lorsque la première ligne s'ébranle pour marcher aux ennemis, la deuxième ligne doit marcher aussi, afin de ne pas laisser une trop grande distance entre ces deux lignes. C'est parce que cette distance était trop grande et que la droite de la première ligne fut écrasée sans pouvoir être secourue à temps par la deuxième ligne, que fut perdue la bataille de Ramillies.

D'autre part, celui qui commande la réserve ne doit pas marcher avec trop de précipitation, afin de donner le temps de se rallier aux troupes de la première ligne qui pourraient être rompues.

Le général doit toujours être au courant de ce qui se passe aux endroits où il ne peut être de sa personne, et, si le terrain l'empêche de voir, il envoie des aides de camp partout où cela est nécessaire, afin d'être en état d'envoyer à chacun des ordres selon les nouvelles qui lui parviendront.

Le général ne doit par trop s'exposer au moment de l'action. Il se fait voir, aux troupes qui doivent combattre, avec un visage qui leur inspire de la hardiesse, il les encourage par ses discours et leur montre la victoire assurée, ce qui sera en même temps la fin de leurs fatigues. Il donne avec beaucoup de précision et de netteté des ordres aux chefs qui doivent les exécuter.

Il est continuellement en mouvement pendant l'action et, s'il s'aperçoit que l'ennemi a, sur un point, un avantage assez considérable pour entraîner la perte de la bataille, c'est alors qu'il ne doit plus épargner sa personne et se mettre à la tête de ses troupes en les animant par sa présence, par son exemple et ses discours comme fit le duc de Vendôme à la bataille de Cassano en mettant pied à terre et marchant à la tête de l'infanterie qui repoussa ainsi complètement les Impériaux.

On ne doit pas s'embarrasser de prisonniers pendant le combat, tant que l'on n'est pas bien assuré du gain de la bataille, parce qu'on rendrait inutiles les troupes chargées de les garder.

Lorsqu'on est maître du champ de bataille, on ne doit pas négliger de rallier promptement ses troupes, mais on se contente d'abord d'envoyer quelques escadrons à la poursuite de l'ennemi pour faire des prisonniers et reconnaître s'il ne se rallie pas dans le but de revenir à la charge. Une fois renseigné sur les intentions de l'ennemi et si les troupes n'étaient pas trop fatiguées, on pourrait alors envoyer un plus grand nombre d'hommes pour continuer la poursuite jusqu'à une place forte ou un défilé.

Pendant le combat, la principale occupation du général est de faire soutenir les troupes qui plient, par celles qui sont placées plus en arrière et de faire rallier, le plus promptement possible, les troupes rompues par l'ennemi.

On ne doit jamais faire envisager aux soldats, avant ou pendant l'action, le lieu où l'on a envie de se retirer en cas d'insuccès; mais il est de la prudence d'un général de prévoir ce cas, sans faire connaître son dessein, et même de déterminer à l'avance les chemins par où la droite, la gauche et le centre pourraient se retirer en cas de malheur.

CHAPITRE II.

VIE DE TURENNE.

I.

Henri de La Tour d'Auvergne, vicomte de Turenne, naquit à Sedan le 11 septembre 1611; il était le deuxième fils de Henri de La Tour d'Auvergne, duc de Bouillon, prince souverain de Sedan, et d'Élisabeth de Nassau d'Orange; il fut élevé dans la religion réformée [1].

Le duc de Bouillon, son père, était, de l'aveu de tous les historiens de son temps, un homme d'un mérite supérieur; il fut attaché, dès sa tendre jeunesse, à la personne de Henri IV et chargé par celui-ci de négociations fort importantes en Angleterre, dans les Provinces-Unies et chez les princes d'Allemagne; il fonda une académie à Sedan.

Le vicomte de Turenne était d'une complexion très délicate dans son enfance, et sa constitution fut toujours faible jusqu'à l'âge de 12 ans. Dans les premiers temps de ses études, il apprenait avec difficulté; son esprit, lent et tardif, passa pour un défaut d'application et lui attira des châtiments qui ne servirent qu'à lui inspirer une égale aversion pour les maîtres et pour les études; ce n'est qu'en le piquant d'honneur que son père parvint à le faire appliquer à l'étude.

Il perdit son père à l'âge de 12 ans et fut envoyé en Hollande à l'âge de 13 ans, en 1625, près de son oncle, le prince Maurice de Nassau, qui gouvernait alors les Provinces-Unies et qui lui fit faire d'abord du service comme simple mousquetaire. Un an après, en 1626, il reçut le commandement d'une compagnie d'infanterie. Il servit en cette qualité au siège de Bois-le-Duc en 1629 et s'y fit remarquer par l'ardeur avec laquelle il cherchait à se rendre compte et à s'instruire de tout ce qui se faisait à l'armée.

Après avoir continué à servir ainsi en Hollande pendant cinq

---

[1] De Ramsay, *Histoire du vicomte de Turenne*, Paris, 1735, p. 10 et suiv.

ans, il fut envoyé par sa mère auprès de la cour de France pour représenter près de celle-ci les droits de son frère aîné sur les souverainetés de Sedan et de Raucourt. Louis XIII lui donna alors le commandement d'un régiment (1630).

Turenne se distingua ensuite au siège de Lamothe, en Lorraine, en 1634, siège à la suite duquel il fut nommé maréchal de camp : son régiment avait été chargé de commencer l'assaut; non seulement les assiégés entretenaient un très grand feu sur sa troupe, mais encore ils faisaient rouler du haut du parapet des pierres d'une grosseur énorme qui, en tombant sur les rochers se brisaient en pièces et tuaient ou estropiaient les soldats qui se trouvaient à portée; malgré cette pluie de projectiles de toute sorte, Turenne s'avança le premier à la tête de son régiment et conduisit celui-ci jusqu'à la brèche, où il s'installa.

En 1635, le cardinal de Richelieu mit quatre armées sur pied pour attaquer les Espagnols sur quatre points différents; la quatrième de ces armées fut envoyée au secours des Suédois en Allemagne, sous le commandement du cardinal de La Valette, dont le vicomte de Turenne fut nommé maréchal de camp. Ce cardinal joignit le duc de Saxe-Weimar près de Bingen, puis marcha au secours de Mayence assiégée par les Impériaux. L'armée française fut affamée autour de cette ville par les Impériaux; la disette devint si grande que Turenne vendit sa vaisselle et ses équipages pour faire subsister une partie de ses troupes; que les soldats en furent réduits à vivre de racines et d'herbes et que les chevaux n'eurent d'autre nourriture que des feuilles d'arbres et de vignes. Dans ces conditions, les deux généraux français se décidèrent à se retirer dans les Trois-Évêchés, et firent une retraite excessivement difficile dans la direction de Metz, poursuivis incessamment par les Impériaux. Partout où l'on fut obligé de tenir tête aux ennemis, Turenne combattit avec une valeur intrépide, occupa les hauteurs, s'empara des défilés, se saisit des villages et de tous les lieux où il pouvait placer de l'infanterie dont le feu arrêtait souvent les Impériaux. Enfin, il fit voir une activité, un courage et surtout une humanité qui attirèrent l'admiration de l'armée et l'attention de la Cour.

En 1638, le duc Bernard de Saxe-Weimar crut devoir s'emparer des villes forestières; il occupa d'abord Seckingen et Laufenbourg, puis Rhinfeld et vint mettre le siège devant Brisach au mois d'avril. Le cardinal de Richelieu lui envoya alors des renforts sous la conduite de Turenne et de Guébriant comme lieutenants généraux, grade qui commençait seulement à être connu en France. L'Empereur, le roi d'Espagne et le duc de Bavière firent tous leurs efforts pour secourir la place. Dans une attaque par leurs troupes de l'armée de siège de Weimar, l'aile droite de celui-ci, commandée par Turenne, qui se trouvait dans un terrain désavantageux, fut rompue et elle allait être prise en flanc lorsque le comte de Guébriant conseilla à Weimar de recourir au stratagème suivant : envoyer dans la forêt voisine quelques cavaliers avec des tambours et des trompettes. Au bruit que firent ces instruments, les Impériaux, qui croyaient qu'on venait les attaquer par derrière, quittèrent la hauteur qu'ils occupaient et la victoire resta aux Français.

En 1639, le cardinal de La Valette fut envoyé en Italie au secours de la duchesse de Savoie et emmena Turenne avec lui. Le cardinal mourut peu après, et, au lieu d'être remplacé par Turenne qui était son second, le fut dans le commandement de l'armée par le comte d'Harcourt. Turenne se soumit sans arrière-pensée aux ordres de Richelieu et ce fut sur sa proposition, et malgré l'avis des autres généraux, que le comte d'Harcourt se décida à assiéger Turin, quoique les troupes dont il pouvait disposer fussent peu nombreuses ; il fit établir des lignes de circonvallation et de contrevallation dans l'espérance d'affamer cette ville en peu de temps.

Le général espagnol Leganès vint bientôt assiéger le comte d'Harcourt lui-même dans son propre camp et chercha à l'affamer ; les Français se trouvaient ainsi enserrés entre les défenseurs de Turin et les Espagnols, et étaient à la fois assiégés et assiégeants ; mais le vicomte de Turenne, qu'une blessure reçue précédemment avait obligé à se retirer à Pignerol pour se faire soigner, fut avisé de la situation, il arriva bientôt avec un grand convoi de vivres et de munitions escorté par des troupes ramassées par les soins de Richelieu, en Guyenne, en Provence, en Dauphiné et en Franche-Comté ; et malgré les efforts de Leganès pour l'empêcher de forcer sa ligne et de rejoindre le comte d'Harcourt, il surmonta tous les obstacles et amena heureusement son convoi à l'armée française le 12 juillet 1640 ; le 17 septembre suivant, la place dut capituler.

Le vicomte de Turenne resta plusieurs années en Italie et y fut en 1643, nommé maréchal de France après s'être distingué au siège de Trino ; il n'avait alors que 32 ans.

Tel fut l'apprentissage de Turenne dans l'art militaire, pendant l'espace de dix-sept années entières, qu'il servit sous plusieurs généraux différents sans commander en chef. Rien ne lui fait plus d'honneur que l'aveu de ce qu'il croyait devoir à chacun de ses maîtres. Il disait « qu'il tenait du prince Henri d'Orange, son oncle, les principes de bien choisir un camp ; d'attaquer une place selon les règles, de former de loin un projet, de le rouler longtemps dans sa tête et de n'en rien faire paraître qu'au moment de l'exécution ; d'être dépouillé d'ostentation et de se remplir de sentiments vifs et relevés pour l'intérêt de la Patrie plutôt que pour sa propre gloire. » En parlant du duc de Weimar, il disait « que de rien ce général faisait toutes choses et ne s'enorgueillissait point de ses succès ; que, lorsqu'il avait du malheur il ne songeait pas tant à se plaindre qu'à s'en relever ; qu'il aimait mieux se laisser blâmer injustement que de s'excuser aux dépens de ses amis qui avaient manqué dans l'action ; qu'il était plus occupé à réparer ses fautes qu'à perdre son temps en apologies, et enfin, qu'il cherchait plus à se faire aimer par les soldats qu'à s'en faire craindre. »

Il avait remarqué, sous le cardinal de La Valette que « pour être agréable aux militaires, il fallait, en allant à l'armée, renoncer aux fausses délicatesses de la cour, à la galanterie, aux amusements du bel esprit et vivre avec les officiers à leur mode, sans façon et sans affectation. Il fut confirmé, en voyant la conduite du comte d'Harcourt, dans la grande maxime de César « que, de toutes les vertus militaires, la diligence et l'expédition sont les plus essentielles et qu'elles entraînent ordinairement le succès, quand elles sont accompagnées de circonspection et de prudence. »

II.

En 1644, Turenne prit part à la bataille de Fribourg sous les ordres du duc d'Enghien, généralissime, et reçut pendant l'hiver suivant et en l'absence de celui-ci, le commandement de l'armée d'Allemagne. Il s'empara alors de l'important château de Creuznach, puis, apprenant au commencement de l'année 1645 que l'armée de Bavière avait été considérablement diminuée par suite de détachements envoyés aux Impériaux battus en Bohême par les Suédois, il rassembla son armée immédiatement, passa le Rhin sur un pont de bateaux, occupa Pfortzeim, Stuttgard, capitale du duché de Wurtemberg, chassant devant lui les Bavarois commandés par Merci.

Nous avons cru devoir relater ici en détail la surprise de l'armée de Turenne par les Bavarois, bien que cette surprise ait été une défaite pour nos armes, parce que nous pouvons y remarquer combien fut peu glorieux le rôle qu'y joua l'infanterie, et combien ce rôle fut différent de celui que Turenne lui fit jouer plus tard lorsqu'il lui apprit à tenir tête à la cavalerie et à venir en aide à celle-ci par ses feux :

« M. de Merci[1], qui ne crut pas que son armée était en état de résister, se retira vers la Souabe, et M. de Turenne ayant suivi sa marche passa auprès d'Hailbronn où les ennemis avaient garnison et arriva à Swabeschal avant M. de Merci, qui avait ses maréchaux des logis à la porte de la ville ; mais comme M. de Turenne fit promptement avancer ses dragons, les bourgeois ouvrirent les portes comme ils le font toujours au plus fort et à celui qui arrive le premier. Comme il n'était venu aux portes de la ville qu'avec la cavalerie et qu'il avait laissé son infanterie à trois heures de là, avec le bagage qui n'avait pu suivre à cause des longues marches, il craignit que M. de Merci, ayant nouvelle de sa séparation, n'envoyât attaquer cette infanterie avec laquelle il n'était demeuré que deux régiments de cavalerie. Aussi, après avoir laissé ses dragons pour garder la porte, il retourna promptement la nuit au lieu où il croyait que l'infanterie serait demeurée.

« M. de Merci, ne doutant point que ce ne fût toute l'armée qui était arrivée à Swabeschal avait continué sa retraite vers Dinkespuhel et Feuchtwang. Une fois l'infanterie arrivée, on reprit la poursuite de l'ennemi laissant le bagage dans la ville ; mais, sans l'appréhension que l'on eut au début pour l'infanterie, je suis persuadé que, si la cavalerie eût marché tout de suite après

---

[1] *Mémoires de Turenne.*

M. de Merci, elle l'eût arrêté dans sa marche, qu'elle eût donné le temps à l'infanterie de venir, que l'on eût livré combat avec grand avantage ; on se contenta de suivre l'ennemi cinq où six lieues sans aucune rencontre considérable que de quelques petits partis. M. de Turenne étant revenu à Swabeschal, y demeura deux où trois jours, d'où il marcha vers la rivière du Tauber à Mariendal, point autour duquel il y a plusieurs petites villes d'où l'on peut tirer beaucoup de subsistances ; il s'y arrêta afin d'avoir derrière lui la Hesse dont la landgrave avait pris parti pour la France, et dont il espérait, dans l'été, tirer des troupes pour avancer dans l'Allemagne.

« Dès que l'armée fut arrivée à Mariendal, comme c'était dans la fin du mois d'avril et qu'il n'y avait point encore d'herbe, on pressa fort M. de Turenne de permettre que la cavalerie se séparât dans les petites villes voisines où on laisserait son bagage au premier ordre, et d'où l'on viendrait promptement au rendez-vous. Pour dire vrai, le trop de facilité à ne point faire pâtir la cavalerie faute de fourrage, la grande envie qu'elle se mît promptement en bon état, plusieurs officiers assurant que chacun dans son lieu achèterait des chevaux pour la remonter, et aussi l'éloignement de l'ennemi qui était à près de dix heures de là, les partis rapportant qu'il était séparé, firent résoudre M. de Turenne *mal à propos*, à les envoyer dans de petits lieux fermés. Il retint néanmoins l'infanterie et le canon à une demi-lieue de Mariendal et envoya M. de Rosen avec quatre ou cinq régiments à Ratembourg, sur le Tauber, qui est à plus de quatre heures de Mariendal ; tous les autres régiments étaient à deux ou trois heures plus loin.

« Le lendemain que l'ordre fut donné pour se séparer, M. de Turenne voyant bien qu'il n'y avait point assez de certitude de la séparation de l'ennemi pour avoir donné lieu à la résolution prise, envoya ordre à M. de Rosen de se rapprocher avec ses régiments et, hors ce qui était à deux heures plus loin, il fit revenir les autres régiments, excepté les deux régiments, Nouveau-Rosen et Vousvors (Wynsworth), qui étaient détachés extrêmement loin, l'un pour observer l'armée de Bavière, et l'autre vers la Franconie à cause de la garnison de Schweinfurt. Le premier ne fut pas assez diligent pour rejoindre et l'autre n'eut presque pas de nouvelles du combat.

« M. de Turenne étant presque dans la certitude que l'ennemi ferait la marche que l'on apprit plus tard qu'il fit, alla se promener, le jour avant le combat, avec la grand'garde, à trois lieues sur le chemin par lequel l'ennemi pouvait venir l'attaquer ; étant revenu fort tard, et M. de Rosen s'étant rapproché avec plus de la moitié de la cavalerie, il apprit à 2 heures après minuit, par un parti, que l'ennemi avec tout le corps de l'armée avait quitté Feuchtwang et marchait droit à lui ; c'était le 2ᵉ de mai.

« En même temps, il envoie ordre aux régiments de cavalerie qui étaient à deux ou trois heures de là de marcher et il dit à M. de Rosen de monter à cheval et de s'en aller à la grande garde et faire assembler promptement *en deçà du bois* [1] toutes les troupes qui en étaient proches ; malgré cet ordre, M. de Rosen *passe le bois*, qui pouvait avoir cinq ou six cents pas, et mande à la cavalerie de le venir joindre au delà du bois, ce qu'il n'eût pas fait assurément s'il eût cru l'armée de l'ennemi si proche, car il est certain que si elle se fût mise ensemble en deçà du bois, on se serait retiré sans combattre.

« M. de Turenne, qui n'avait pas demeuré plus d'un quart d'heure dans le quartier pour donner ses ordres à toutes les troupes, monte à cheval et ne trouvant plus la grande garde, la suit au travers du bois, et étant au delà, il vit sept ou huit régiments de cavalerie qui composaient ce qu'il y avait d'arrivé, que M. de Rosen mettait en bataille ; et jetant la vue plus loin, il vit l'avant-garde de l'ennemi qui sortait d'un autre bois sur un assez grand front, à un petit quart d'heure de lui.

« Quoique la chose fût assez surprenante et ne présageât rien de bon dans la suite, il ne crut pas qu'il y eût rien autre à faire qu'à se mettre en bataille avec une partie de l'armée comme si elle y avait été toute, n'ayant pas encore assez de gens ensemble pour marcher à l'ennemi, son infanterie ne commençant qu'à arriver. L'ennemi était trop proche pour qu'on pût changer de posture et se mettre derrière le bois ; mais M. de Turenne ne songea qu'à se servir de l'avantage du lieu, et y ayant un petit bois à main droite de la plaine où était la cavalerie, il y mit son

---

[1] Bois situé dans la plaine non loin de Mariendal.

infanterie qui n'était pas composée de plus de 3,000 hommes. M. de Smitberg et M. du Passage la commandaient, et comme ce lieu-là servait comme d'aile droite, il se contenta de laisser deux escadrons derrière ce bois et mit toute sa cavalerie sur une ligne avec deux escadrons de deuxième ligne à la main gauche du grand bois. M. de Rosen se mit tout à fait à l'aile droite de cette ligne et M. de Turenne à la gauche. On attendit l'ennemi dans cette posture, lequel en peu de temps descendit dans la plaine et, mettant son infanterie au milieu des deux ailes de la cavalerie, M. de Merci, qui était général de l'armée ennemie, se met à la tête et marche droit au bois, ayant par ce moyen son aile gauche qui ne trouvait pas bien à agir qu'il ne fût maître du bois. Mais comme il ne pouvait pas d'abord voir la situation du lieu, il mettait son armée en bataille comme on fait d'ordinaire.

« Comme il fut à 100 pas du bois et que l'infanterie n'avait point encore fait de décharges, M. de Turenne marcha avec sa cavalerie au-devant de l'aile droite de l'ennemi dont tous les escadrons furent rompus et la seconde ligne fut ébranlée. Dans ce même temps, l'infanterie de l'ennemi avançant vers le petit bois, celle de l'armée du roi[1] ne fit qu'une décharge et se jeta en confusion dans le bois ; ainsi l'aile gauche de l'ennemi trouva le moyen d'avancer à la faveur du bois que son infanterie avait gagné. La cavalerie de l'armée du roi, qui ne voyait plus devant elle que 3 escadrons de réserve de l'ennemi, la première et la seconde ligne étant en confusion, aperçut tous les fantassins qui avaient jeté les armes et les escadrons de l'ennemi qui se formaient derrière elle. En même temps, la confusion commença à s'y mettre et bientôt après la déroute entière ; M. de Rosen y fut pris ayant très bien fait son devoir et toute la cavalerie aussi. M. de Turenne se retira dans le bois, ayant été fort pressé par deux cavaliers de demander quartier, et, ayant percé tout au travers avec deux ou trois personnes avec lui, il trouva au delà du bois trois régiments de cavalerie, Duras, Beauvau et Tracy, arrivés ; et, par malheur, quantité de cavaliers ayant fait saigner leurs chevaux à cause de la saison, les régiments ne purent monter assez tôt à cheval pour venir au combat.

---

[1] De France.

« A ces régiments il s'y joignit bien 1200 ou 1500 chevaux des régiments qui avaient été rompus, et M. de Turenne les ayant mis en bataille, voulait aller contre les ennemis, s'ils eussent promptement passé le pont ; mais voyant que ceux-ci se donnaient assez de temps pour se mettre en posture après le combat et que toute son infanterie était perdue, et qu'il ne restait plus que trois régiments qui n'eussent pas combattu, il aima mieux sauver ce qui restait, quoiqu'il le fit avec peine.

« Alors, il commanda à M. de Beauvau de marcher, avec son régiment et toute la cavalerie allemande qui restait du combat, droit au Mein et lui donna ordre de s'arrêter à l'entrée du pays de Hesse, ce qui pouvait être à quinze ou seize heures de là ; il demeura lui-même avec ses deux régiments de Duras et Tracy pour la retraite, et pour donner aux autres le temps de passer le Tauber où il y avait divers gués, ce qui se fit comme il l'avait pensé. Aussitôt qu'il vit toute cette cavalerie assez loin pour n'être plus en danger, il songea à se retirer aussi. Les ennemis ayant vu ces deux régiments qui se retiraient seuls vinrent de tous côtés pour leur couper le chemin ; mais M. de Turenne se retira avec assez d'ordre jusque sur le Tauber, qui était dans la même campagne, et l'on repoussa deux ou trois fois les ennemis qui voulaient suivre par le même gué par lequel on avait passé. A la fin, en ayant trouvé divers autres, on fut obligé de prendre son chemin avec de petites troupes, après avoir perdu une partie des étendards. Ces deux régiments, particulièrement celui de Duras qui avait l'arrière-garde, firent tout ce qui se peut de hardi et de vigoureux.

« M. de Turenne se retira d'abord avec 15 ou 20 officiers ou cavaliers, et peu de temps après une troupe de 100 ou 150 chevaux avec laquelle, ayant marché toute la nuit et passé le Mein à gué, il alla le lendemain, vers le soir, rejoindre sa cavalerie vers la Hesse. L'ennemi prit une grande partie de l'infanterie, tout le bagage, dix pièces de canon et 1200 ou 1500 cavaliers ou officiers de cavalerie. M. de Montausier, M. de Smitberg et M. du Passage furent pris et l'ennemi demeura quelques jours sans bouger.

« M. de Turenne, croyant que quelque corps de cavalerie pourrait le suivre, demeura un jour ou deux dans les bois avec 1200 ou 1500 chevaux ; mais n'ayant rien vu paraître, il avança jusqu'à la frontière de la Hesse où Mme la Landgrave lui envoya promptement M. Geis qui commandait ses troupes avec deux de ses conseillers pour tâcher à lui persuader de se retirer vers le Rhin, lui alléguant qu'il assurerait par là les places qu'il avait laissées dégarnies, et qu'il joindrait plus tôt les troupes que l'on devait lui envoyer de France pour le renforcer. Mais ces conseillers taisaient la principale raison qui poussait la Landgrave à souhaiter que l'armée marchât vers le Rhin; c'était qu'elle craignait d'attirer la guerre dans son pays, elle ne voulait pas mettre sitôt son armée en campagne; mais M. de Turenne, qui savait que ce qu'il faisait était le seul moyen de faire que toutes les troupes hessiennes le joignissent et de faire sortir M. Konigsmarck de ses quartiers, s'opiniâtra à ne pas changer de résolution et lui manda que, si l'ennemi marchait à lui, il se retirerait tout au travers de la Hesse et qu'à quel prix que ce fût il n'irait point vers le Rhin et entrerait plutôt dans le pays de Brunswick.

« Il fit aussi savoir la même chose à M. Konigsmarck qui était dans ses quartiers à 10 ou 12 lieues derrière Cassel sur le Wéser.

« Ce général avait les mêmes intentions que les siennes, de ne pas se mettre sitôt en campagne, et ne souhaitait point que la guerre fût attirée vers ces quartiers-là; mais la fermeté de Turenne le fit résoudre à se remettre ensemble. »

Pour bien faire connaître également le caractère de Turenne et sa façon d'agir, nous croyons devoir reproduire ici deux lettres adressées à sa sœur :

« Ma chère sœur, plusieurs personnes me mandent que l'on dit à Paris que je ne suis pas bien avec M. le duc d'Enghien et que je ne suis pas bien aise de m'être joint à lui. Je vous prie, si vous en oyez parler, de témoigner que je ne suis pas si impertinent que cela, et que c'est un honneur que j'ai toujours recherché extrêmement. Je vous assure qu'il y a une très grande union dans cette armée. M. d'Enghien vit aussi bien avec moi qu'il est possible et il ne se rencontre aucune difficulté entre M. le maréchal de Guiche et moi; n'ayant rien à démêler et étant de tout temps de fort bons amis, j'ai sujet aussi d'avoir toutes sortes de satisfactions de la façon dont l'armée allemande [1] vit avec moi,

---

[1] Contingents allemands alliés à la France.

je n'y ai pas trouvé la moindre contestation dans les choses que j'ai désirées et au contraire toutes sortes d'obéissance.

« Après la fin de cette affaire, je vous écrirai plus amplement; adieu, chère sœur.

« C'est votre très humble et très affectionné serviteur et frère.

« TURENNE.

« Au camp devant Philipsbourg, ce 3 septembre 1644. »

« Ma chère sœur, je continue à être bien en peine de votre mal, et quand vous serez guérie, je serai dans une autre de peur que vous ne soyez fâchée contre moi de ne pas vous avoir écrit plus tôt. Je vous avoue qu'au commencement je ne pouvais me résoudre à vous rien écrire de mon malheur arrivé près de Mariendal, sachant à quel point cela vous toucherait. Et quoique ce soit une plaisante raison, je vous jure que je ne pourrais me résoudre de vous l'écrire moi-même. Si après un malheur qui m'est arrivé par compassion pour les troupes qui étaient fort fatiguées, et trop de complaisance pour les officiers, on se peut consoler en quelque chose, ce serait que les ennemis n'ont profité en rien de leur victoire. Les troupes de M. Konigsmarck et de Hesse avec les miennes qui toutes ensemble joindront M. le duc d'Enghien mettent les affaires en meilleur état qu'on ne les eût espérées. Je suis, à 2,000 hommes près, ce que j'étais avant le combat. J'ai pris depuis trois ou quatre jours une petite ville où il y avait 100 hommes de l'ennemi qui ont pris parti avec moi. J'ai bien de l'obligation à Mme la Landgrave de Hesse d'avoir voulu envoyer ses troupes si loin avec moi et dans un temps que l'ennemi pouvait entrer dans son pays; je vous assure que c'est une fort honnête personne. Je vous conjure de m'aimer toujours étant la chose du monde qui peut me donner le plus de joie. C'est, ma chère sœur, votre très humble et très affectionné serviteur et frère.

« TURENNE.

« Au camp, ce 4 juillet 1645. »

III.

En 1657, Turenne fut nommé colonel général de la cavalerie.

Nous continuerons cette étude sur la vie de Turenne en rappelant de quelle façon il vint livrer la bataille des Dunes, le 14 juin 1658[1]. Nous empruntons le récit du commencement de cette célèbre journée aux *Mémoires du duc d'York* :

« L'armée espagnole était alors commandée par le prince de Condé et don Juan d'Autriche.

« Turenne ayant appris par un page qui venait de s'échapper du camp des Espagnols que leurs canons ne devaient arriver que dans deux ou trois jours résolut de les attaquer.

« Le lendemain matin à 5 heures, les gardes avancées espagnoles avertirent le duc d'York, depuis Jacques II, prétendant alors au trône d'Angleterre et le prince de Condé que la cavalerie française sortait de ses lignes.

« Ceux-ci, ayant poussé jusqu'aux vedettes, virent la cavalerie du roi de France s'avancer avec quelques pièces de campagne, l'infanterie française sur la gauche, les Anglais (gouvernés alors par Cromwell), près de la mer. Le duc d'York retourna sur ses pas pour en avertir les généraux espagnols.

« Don Juan témoigna gravement qu'il n'en croyait rien et dit que les Français voulaient seulement enlever la garde avancée; le duc l'assura que ce n'était pas leur usage de faire marcher un grand corps de troupe avec de l'artillerie à sa tête pour forcer une garde. Le prince de Condé arriva au même instant et confirma le rapport du duc d'York ; mais les généraux espagnols ne bougèrent pas. Condé, vivement piqué de leur froideur, se tourna vers le duc de Glocester et lui demanda s'il n'avait jamais gagné une bataille ; le jeune duc lui répondit que non ; *dans une demiheure, reprit Condé, vous verrez comme nous en perdrons une.* Enfin, les généraux espagnols, ne pouvant plus douter du dessein de Turenne, se rendirent chacun à leur poste.

« L'armée de Turenne était rangée sur deux lignes : la pre-

---

[1] Pour empêcher l'armée espagnole de venir au secours de Dunkerque dont
l faisait le siège au nom du roi de France.

mière ligne comprenait 10 bataillons et 28 escadrons, dont 14 à l'aile droite et 14 à l'aile gauche avec le canon à la tête ; la deuxième ligne était de 6 bataillons et 20 escadrons, 10 à la droite et 10 à la gauche.

« Quatre escadrons de gendarmes soutenaient l'infanterie et les six escadrons de réserve furent placés à une assez grande distance derrière l'armée pour être en état de soutenir les assiégeants du côté de Dunkerque, au cas où l'on ferait une sortie de cette ville pendant le combat. »

A la suite de la conclusion du traité des Pyrénées dont les conditions avantageuses furent dues en grande partie aux victoires de Turenne, celui-ci fut pressenti par le cardinal de Mazarin qui lui donna à entendre qu'on rétablirait en sa faveur la charge de connétable de France ; sur son refus d'abandonner la religion réformée, ce qui aurait été la conséquence de son acceptation, on créa en sa faveur une charge nouvelle, celle de *maréchal-général des camps et armées du roi*, dont il fut revêtu le 5 avril 1660.

Nous passerons maintenant au récit des derniers événements au milieu desquels le vicomte de Turenne trouva la mort (combat de Sasbach, 26 juillet 1674)[1]. Près de l'endroit où était l'armée française, quelques haies au sortir d'Acheren formaient un défilé avec un bois qui régnait le long du pied de la montagne ; le terrain s'ouvrait ensuite par une petite plaine terminée par le bourg de Sasbach, dont la vue était cachée par une petite hauteur.

Le vicomte eut d'abord quelque espérance de s'emparer du bourg ; après avoir entendu la messe où il communia, il alla reconnaître l'église située à la tête du défilé ; mais il ne jugea pas qu'on le pût attaquer ; ayant ensuite examiné la situation de la droite des ennemis couverte par des ruisseaux, des ravins, des bois et des retranchements, il alla enfin reconnaître leur gauche, où ils n'avaient pris aucunes précautions ; là il aperçut un défilé par où il pouvait se glisser et forma le dessein de les attaquer par cet endroit. Après de profondes réflexions, tout lui parut si favorablement disposé qu'il ne put s'empêcher de dire à quelques officiers généraux : c'en est fait, je les tiens, ils ne

---

[1] *Vie de Turenne.*

pourront plus m'échapper, et je vais recueillir le fruit d'une si pénible campagne.

Dans de semblables occasions, il n'avait pas coutume, ni de se flatter, ni de marquer ses espérances, encore moins de faire reconnaître qu'il était assuré du succès. Il continua d'observer le camp des ennemis, et quoiqu'il ne pût pas bien découvrir toutes les troupes impériales, il vit néanmoins dans le gros de leur armée beaucoup de mouvements qui marquaient de l'inquiétude; en effet, une grande partie de leurs bagages passait déjà la montagne, et toute leur armée se disposait à une retraite. Le vicomte alla se reposer ensuite sous un arbre où il déjeuna et resta assez longtemps. Il y était encore lorsqu'on vint lui dire que l'infanterie des ennemis était en mouvement du côté de la montagne. Il se leva, monta à cheval et s'avança vers une hauteur pour considérer ce que ce pouvait être : il ordonna à tous ceux qui étaient avec lui de ne le point suivre, et dit au duc d'Elbeuf : « Mon neveu, demeurez ici, vous ne faites que tourner autour de moi, vous me feriez reconnaître. »

Il trouva mylord Hamilton près de l'endroit où il dirigeait ses pas, qui lui dit : « Venez par ici, on tire où vous allez. » Le vicomte lui répliqua : « Je ne veux point être tué aujourd'hui. » Il continua son chemin et rencontra Saint-Hilaire, lieutenant général de l'artillerie, qui lui dit en tendant la main : « Jetez les yeux sur cette batterie que j'ai fait mettre là. » Il retourna en arrière, et un boulet des ennemis tiré au hasard ayant emporté le bras de Saint-Hilaire, donna au milieu de l'estomac du vicomte ; le cheval le ramena d'où il était parti, le visage penché sur l'arçon ; étant arrivé à l'endroit où il avait laissé sa compagnie, le cheval s'arrêta, et le grand Turenne tomba mort dans les bras de ses gens après avoir ouvert deux fois les yeux. Saint-Hilaire dit alors à son fils, qui le croyait blessé mortellement : « Ce n'est pas moi qu'il faut pleurer, c'est ce grand homme, en montrant le corps de Turenne. »

Le saisissement de ceux qui le virent tomber fut inexprimable ; Hamilton qui savait mieux se posséder que les autres, jugeant de quelle conséquence il était de dérober à la connaissance des soldats un accident si funeste, jeta promptement un manteau sur le corps, et l'on tint ce malheur secret.

Cette mort fit cesser les inquiétudes des généraux ennemis et la terreur de leurs soldats ; ils sentirent qu'ils avaient beaucoup gagné puisque la France avait infiniment perdu. Le comte de Montecuculli, par une grandeur d'âme grande dans les rivaux, ne parut sensible qu'à la douleur et répéta ces paroles : « Il est mort un homme qui faisait honneur à l'homme. » Cependant toute l'armée vit qu'il se passait quelque chose de mystérieux parmi les généraux ; les soldats ne purent pénétrer ce secret, mais leurs officiers l'ayant deviné, commencèrent à le rendre public. Une si funeste nouvelle vole de rang en rang, et répand partout un profond silence, qui n'est interrompu que par des sanglots. Notre père est mort, s'écriaient les soldats en s'arrachant les cheveux, et nous sommes perdus.

Tous voulurent voir le corps de leur général, et ce triste spectacle ayant renouvelé leurs pleurs, ils criaient d'une commune voix : « Qu'on nous mène au combat, nous voulons venger la mort de notre père. »

Il n'y avait alors de lieutenants-généraux dans l'armée française que le comte de Lorges et le marquis de Vaubrun lequel, étant demeuré au camp d'Acheren et peu en état d'agir à cause d'une blessure qu'il avait reçue au pied, revint à l'armée aussitôt qu'il apprit les nouvelles de la mort du vicomte. Ils délibérèrent longtemps avec les principaux officiers sur les mesures qu'il fallait prendre, mais sans se fixer à aucune. Sur quoi les soldats s'écriaient à plusieurs reprises : « Lâchez la pie, elle nous conduira. » C'était le cheval que le vicomte montait ordinairement. Enfin, après plusieurs délibérations, l'armée française, qui aurait attaqué si le vicomte eût vécu, prit le parti de se retirer, et l'armée impériale, qui ne songeait qu'à faire retraite, prit la résolution d'attaquer. Le 28 au soir, les généraux français se mirent en marche pour gagner le pont d'Altenheim. A peine l'arrière-garde était-elle arrivée à Bischen, que les Impériaux s'avancèrent pour s'emparer de Wilsteldt, où les Français avaient laissé leurs magasins avec le régiment de Bretagne pour les garder : l'armée du roi décampa sur-le-champ et se hâta de les prévenir ; les ennemis l'ayant découverte, s'arrêtèrent tout court et se contentèrent d'envoyer un corps de troupes vers le pont d'Altenheim pour couper la retraite. Le comte de Lorges et le marquis de Vaubrun eurent alors une contestation très vive ; le premier voulait aller couvrir le pont, et le dernier crut qu'il fallait secourir le poste de

Wilsteldt; ils prirent enfin le parti de marcher droit à Altenheim, après avoir jeté les farines de Wilsteldt dans la Quinche. Le marquis de Vaubrun, qui menait l'avant-garde, passa le Rhin avec deux brigades de cavalerie et deux d'infanterie, le reste de l'armée campa la nuit de l'autre côté du pont, près d'Altenheim, sur la petite rivière de Schuteren. Le lendemain, les Impériaux se hâtèrent d'attaquer les Français, et l'on engagea un terrible combat; le comte de Lorges s'y conduisit avec toute l'habileté d'un grand capitaine; le marquis de Vaubrun, au premier bruit de l'attaque, se mit à la tête de ses gendarmes, repassa le Rhin, la jambe attachée à l'arçon de sa selle, et attaqua les ennemis avec tant de valeur et fit si peu de ménagement qu'il fut tué au milieu d'eux. Les Impériaux perdirent dans le combat 5,000 hommes et les Français 3,000; ces derniers se retirèrent ensuite et traversèrent le Rhin. En passant sur le pont d'Altenheim, quelques soldats couverts de blessures se disaient les uns aux autres : « Hélas ! si notre père n'était pas mort, nous ne serions pas si blessés ».

Les Français se remirent enfin en sûreté dans l'Alsace, sous Schlestadt; là, n'étant plus distraits par le soin de faire tête à l'ennemi, ils sentirent plus vivement que jamais la grandeur de leur perte.

Les officiers et soldats recommencèrent à déplorer leur malheur, à rappeler le souvenir de toutes les vertus et de tous les bienfaits de leur général, à se les raconter les uns aux autres, quoique aucun d'eux ne les ignorât. Les neveux du vicomte qui se trouvèrent à l'armée lui firent faire un service où les officiers et soldats assistèrent, selon les cérémonies accoutumées ; les officiers avec des écharpes de crêpe noir et les caisses de tambours couvertes de même, les soldats avec les piques traînantes et les mousquets renversés. Les gémissements, accompagnés de larmes, se faisaient entendre au loin; de sorte que Turenne fut pleuré dans toute l'armée comme un père dans sa famille.

Quand la nouvelle de sa mort arriva à la Cour, la consternation et la douleur furent peintes sur tous les visages; les artisans de Paris quittaient leur travail pour aller pleurer avec leurs voisins, et les habitants de cette grande ville s'attroupaient pour se demander les uns aux autres jusqu'aux moindres circonstances d'un si grand malheur. L'épouvante, la tristesse se répandirent bientôt de la capitale dans les provinces les plus éloignées ; les paysans de Champagne se crurent à la veille d'une invasion ; l'un d'eux alla presser son seigneur de rompre le bail de sa ferme, en lui disant pour toute raison : *Le grand Turenne est mort, les Allemands viendront nous mettre tous à contribution.*

Louis XIV pleura la mort de ce grand homme ; il ordonna que son corps fût apporté à l'abbaye de Saint-Denis, et, pour distinguer le vicomte de Turenne de ceux à qui le même honneur avait été accordé, il voulut qu'on l'enterrât dans la chapelle destinée à la sépulture des membres de la famille royale.

Lorsqu'on le transporta des bords du Rhin à Paris, les peuples accouraient en foule sur les chemins et arrosaient son cercueil de leurs larmes ; les habitants des villages, des bourgs et des villes sortaient pour l'aller recevoir ; ceux de Langres, entre les autres, prirent le deuil et lui rendirent des honneurs extraordinaires. Son corps étant arrivé à Paris, le roi fit célébrer un service à Notre-Dame où le collège de France, qui était alors assemblé, le Parlement, l'Université et la Ville en corps assistèrent. Les plus célèbres prédicateurs firent à l'envi son panégyrique ; il ne se prononça durant l'année dans toute l'étendue du royaume aucun discours public, ni à l'ouverture du Parlement, des académies et des universités, ni dans aucune autre occasion solennelle, où l'on ne fit son éloge, et où l'on ne pleura sa perte.

Jamais aucun particulier ne fut si regretté, parce qu'aucun ne fut si respecté, ni si tendrement aimé des peuples.

Nous pensons faire bien connaître l'impression générale, en reproduisant ici une lettre de Mme de Sévigné à sa fille :

« Je pense toujours, ma fille, à l'étonnement et à la douleur que vous aurez de la mort de M. de Turenne ; le cardinal de Bouillon est inconsolable. Il apprit cette nouvelle par un gentilhomme de M. de Louvigny, qui voulut être le premier à lui faire son compliment ; il arrêta son carrosse comme il revenait de Pontoise à Versailles ; le cardinal ne comprit rien à son discours. Comme le gentilhomme s'aperçut de son ignorance, il s'enfuit. Le cardinal fit courir après et sut ainsi cette terrible mort ; il s'évanouit, on le ramena à Pontoise, où il a été deux jours sans manger, dans des pleurs et des cris continuels. Mme de Guénégaud et Cavoye l'ont été voir ; ils ne sont pas moins affligés que lui. Je viens de lui écrire un billet qui m'a paru bon ; je lui dis par avance votre affliction et par l'intérêt que voue prenez à ce qui le touche et par l'admiration que vous aviez pour le héros ; n'oubliez pas de lui écrire ; il me paraît que vous écrivez très bien sur toutes sortes de sujets ; pour celui-ci, il n'y a qu'à laisser aller sa plume. On paraît fort touché dans Paris et dans plusieurs maisons de cette grande mort. Nous attendons avec transissement le courrier d'Allemagne ; Montecuculli, qui s'en allait, sera bien revenu sur ses pas et prétendra bien profiter de cette conjoncture. On dit que les soldats faisaient des cris qui s'entendaient de deux lieues ; nulle considération ne les pouvait retenir ; ils criaient qu'on les menât au combat, qu'ils voulaient venger la mort de leur père, de leur général, de leur protecteur, de leur défenseur ; qu'avec lui ils ne craignaient rien, mais qu'ils vengeraient bien sa mort ; qu'on les laissât faire, qu'ils étaient furieux et qu'on les menât au combat. Ceci est d'un gentilhomme qui était à M. de Turenne et qui est venu parler au Roi ; il a toujours été baigné de larmes en racontant ce que je vous dis, et les détails de la mort de son maître. M. de Turenne reçut le coup au travers du corps : vous pouvez penser s'il tomba de cheval et s'il mourut ; cependant le reste des esprits fit qu'il se traîna la longueur d'un pas et que même il serra la main par convulsion, et puis on jeta un manteau sur son corps. Boisguyot (c'est ce gentilhomme) ne le quitta point qu'on ne l'eût porté sans bruit dans la plus prochaine maison. M. de Lorges était à près d'une demilieue de là. Jugez de son désespoir ; c'est lui qui perd tout et qui demeure chargé de l'armée et de tous les événements jusqu'à l'arrivée de M. le Prince, qui a vingt-deux jours de marche.

« Je reviens à M. de Turenne, en disant adieu à M. le cardinal de Retz, lui dit : « Monsieur, je ne suis point un diseur, mais je « vous prie de croire sérieusement que sans ces affaires-ci, où « peut-être on a besoin de moi, je me retirerais comme vous, et « je vous donne ma parole que si j'en reviens, je ne mourrai pas « sur le coffre et je mettrai, à votre exemple, quelques temps « entre la vie et la mort... »

« A Paris, le vendredi 2 août. »

Nous compléterons l'expression de l'opinion publique d'alors par quelques extraits de l'oraison funèbre du vicomte de Turenne, par Fléchier : « Souvenez-vous, Messieurs, du commencement et des suites de la guerre qui, n'étant d'abord qu'une étincelle, embrase aujourd'hui toute l'Europe. Tout se déclare contre la France; on soulève les étrangers; on débauche les alliés; on intimide les amis; on encourage les vaincus; on arme les envieux. Sur des craintes imaginaires, et des défiances artificiellement inspirées, les intérêts sont confondus, la foi violée et les traités méprisés. Il fallait, je l'avoue, pour résister à tant d'armées jointes ensemble contre nous, des troupes aussi vaillantes, et des capitaines aussi expérimentés que les nôtres; mais rien n'était si formidable que de voir toute l'Allemagne, ce grand et vaste corps, composé de tant de peuples et de nations différentes, déployer tous ses étendards et marcher vers nos frontières pour nous accabler par la force, après nous avoir effrayés par la multitude.

« Il fallait opposer à tant d'ennemis un homme de courage ferme et assuré, d'une capacité étendue, d'une expérience consommée, qui soutînt la réputation et qui ménageât les forces du royaume, qui n'oubliât rien d'utile et de nécessaire et ne fît rien de superflu; qui sût selon les occasions profiter de ses avantages ou se relever de ses pertes; qui fût tantôt le bouclier et tantôt l'épée de son pays, capable d'exécuter les ordres qu'il aurait reçus, et de prendre conseil de lui-même dans les rencontres.

« Vous savez de qui je parle, Messieurs, vous savez le détail de ce qu'il fit, sans que je vous le dise. Avec des troupes, considérables seulement par leur courage et par la confiance qu'elles avaient en leur général, il arrête et consume deux grandes armées et force à conclure la paix par des traités ceux qui croyaient venir terminer la guerre par notre entière et prompte défaite.

« Tantôt il s'oppose à la jonction de tant de secours ramassés et rompt le cours de tous ces torrents qui auraient inondé la France. Tantôt il les défait ou les dissipe par des combats réitérés. Tantôt il les repousse au delà de leurs rivières et les arrête toujours par des coups hardis, quand il faut rétablir la réputation; par la modération, quand il ne faut que la conserver.

« *Villes que nos ennemis s'étaient déja partagées, vous êtes encore dans l'enceinte de notre empire; provinces qu'ils avaient déja ravagées dans le désir et dans la pensée, vous avez encore recueilli vos moissons; vous durez encore, places que l'art et la nature a fortifiées et qu'ils avaient dessein de démolir, et vous n'avez tremblé que sous des projets frivoles d'un vainqueur en idée qui comptait le nombre de nos soldats et qui ne songeait pas à la sagesse de leur capitaine.*

« Cette sagesse était la source de tant de prospérités éclatantes. Elle entretenait cette union des soldats avec leur chef, qui rend une armée invincible; elle répandait dans les troupes un esprit de force et de confiance qui leur faisait tout souffrir, tout entreprendre, dans l'exécution de ses desseins; elle rendait enfin des hommes grossiers capables de gloire. Car, Messieurs, qu'est-ce qu'une armée? C'est un corps animé d'une infinité de passions différentes qu'un homme habile fait mouvoir pour la défense de la patrie; c'est une troupe d'hommes armés qui suivent aveuglément les ordres du chef dont ils ne savent pas les intentions; c'est une multitude d'âmes, pour la plupart viles et mercenaires qui, sans songer à leur propre réputation, travaillent à celle du Roi et des conquérants; c'est un assemblage confus de libertins, qu'il faut assujettir à l'obéissance; de lâches, qu'il faut mener au combat; de téméraires, qu'il faut retenir; d'impatients qu'il faut accoutumer à la confiance. Quelle prudence ne faut-il pas pour conduire et réunir au seul intérêt public tant de vues et de volontés différentes? Comment se faire craindre, sans se mettre en danger d'être haï et bien souvent abandonné? Comment se faire aimer, sans perdre un peu de l'autorité et se relâcher de la discipline nécessaire?

« Qui trouva jamais mieux ces justes tempéraments, que ce prince que nous pleurons? Il attacha par des nœuds de respect et d'amitié, ceux qu'on ne retient ordinairement que par la crainte des supplices, et se fit rendre, par sa modération, une obéissance aisée et volontaire.

« *Il parle, chacun écoute ses oracles ; il commande, chacun suit avec joie ses ordres ; il marche, chacun croit courir à la gloire.* On dirait qu'il va combattre les rois confédérés avec sa seule maison, comme un autre Abraham ; que ceux qui le suivent sont ses soldats et ses domestiques et qu'il est général et père de famille tout ensemble. Aussi, rien ne peut soutenir leurs efforts ; *ils ne trouvent point d'obstacles qu'ils ne surmontent, point de difficultés qu'ils ne vainquent, point de péril qui les épouvante ; point de travail qui les rebute, point d'entreprise qui les étonne, point de conquête qui leur paraisse difficile.* »

Après avoir résumé la vie d'Henri de La Tour d'Auvergne, vicomte de Turenne, il nous a semblé intéressant de rassembler sous un même coup d'œil les principaux traits de son caractère [1] :

« Il était d'une taille médiocre et bien proportionnée, il avait la forme du visage régulière, les cheveux châtains, les yeux grands, les sourcils épais et presque joints ensemble, le front large et la tête un peu penchée, l'air modeste et serein, mais souvent rêveur, ce qui formait par le mélange du sévère et du gracieux une physionomie difficile à rendre dans ses portraits.

« Toutes les grandes vertus se trouvaient réunies dans le vicomte de Turenne, et nous avons vu qu'il n'en est peut-être aucune dont il n'ait donné des exemples ; son désintéressement méritait d'autant plus de louanges que l'avidité était déjà le vice dominant de son siècle.

« Il laissa en mourant beaucoup moins de biens qu'il n'en avait reçu de sa maison ; quoiqu'il eût commandé les armées du roi pendant plus de trente ans sous une régente libérale et sous le plus magnifique des monarques, et qu'il eût vécu dans un siècle fécond en grandes fortunes. Quelques-uns de ses amis s'entretenant avec lui de ces fortunes rapides et immenses, lui faisaient à cette occasion des railleries obligeantes et des flatteries : « Je n'ai jamais pu comprendre, leur dit-il, le plaisir qu'on « peut trouver à garder des coffrets remplis d'or et d'argent; s'il « me restait à la fin de l'année des sommes considérables, j'en « aurais mal au cœur, comme si au sortir de table on me servait « un grand repas. » Aussi on ne trouva à sa mort que cinq cents écus dans sa cassette. Non content d'être libéral, il était ingénieux à trouver des moyens d'épargner la honte de recevoir, et à cacher sa générosité sous différents prétextes craignant ou non qu'on ne divulgât ses bienfaits ou que l'amour-propre ne dérobât quelque chose à sa vertu.

L'amour du bien public réglait uniquement ses désirs et ses mouvements ; quoique son ambition parût dès ses premières années, la prudence d'abord, ensuite la piété surent toujours la modérer ; jamais l'amour de sa propre gloire ni le succès d'une entreprise éclatante ne l'ont séduit, lorsqu'un projet pacifique

---

[1] *Vie de Turenne.*

pouvait être plus utile à sa patrie ; il a toujours préféré sa maison à sa fortune, et les intérêts de l'État à ceux de sa maison ; mais quelle que chère que lui fût sa patrie, jamais pour la servir il n'a violé ni le droit des gens ni les lois immuables de la justice.

Il eut depuis sa tendre jeunesse un amour dominant pour la vérité ; il détestait la politique, qui ne cherche à réussir que par la dissimulation, par le mensonge et par la fourberie ; il disait de lui le bien et le mal, selon qu'il était nécessaire, sans vanité comme sans honte, et toujours sans affectation, en homme devenu étranger à lui-même. Ce caractère règne dans tous ses écrits, soit lettres, soit instructions, soit mémoires. La réputation de sa bonne foi était tellement établie, que la plupart des princes d'Allemagne traitaient avec lui sans aucune garantie. Les Suisses, les Hollandais, les Anglais, les Suédois se croyaient en sûreté dès qu'il leur avait donné sa parole ; il ne la donnait jamais sans être assuré de pouvoir la tenir, et plutôt que de prendre un engagement qu'il aurait craint de ne pouvoir accomplir, il aurait mieux aimé s'exposer à irriter les ministres, à déplaire au roi même, et à se voir abandonné des troupes.

Son humanité se répandait généralement sur tous les hommes, les officiers, les soldats, les domestiques même en ressentirent les effets ; il ne laissait échapper aucune occasion de faire connaître le mérite et de cacher ou d'excuser les fautes de ceux qui servaient sous lui. Lorsqu'un officier dont le mérite lui était connu avait été battu à la tête d'un détachement, lui-même en le consolant relevait son courage ; il le renvoyait en parti avec un plus grand nombre de troupes pour avoir sa revanche, et continuait à lui donner de nouveaux commandements jusqu'à ce qu'il eût remporté quelque avantage. Il formait ainsi les talents, les faisait éclore et conduisait à la perfection le courage naissant qu'une autre manière d'agir aurait pu faire avorter.

Jamais capitaine n'a été si tendrement aimé des troupes, il paraissait en même temps général et père de famille : on eût cru que les soldats étaient ses enfants ; en descendant jusqu'à eux sans s'abaisser, et en se familiarisant sans rien perdre de sa dignité, il s'attachait par les nœuds de l'amitié des hommes qu'on ne retient ordinairement que par la crainte des châtiments ; un reproche de sa part était la plus grande punition, et son approbation la récompense la plus désirée.

L'armée de Turenne, était le modèle d'une république parfaite, on ne s'y apercevait presque point ni du commandement, ni de l'obéissance, chacun connaissait son devoir et tous le suivaient, par envie de plaire au général, par honte de manquer au père commun et par un amour sincère de la gloire qui se transmettait depuis le chef jusqu'aux derniers soldats. Souvent il marchait à pied à la tête de ses soldats, usait des mêmes aliments qu'eux, partageait toutes leurs fatigues, et ne demandait d'eux que ce qu'il faisait lui-même ; il ne les laissait jamais oisifs, persuadé que s'il ne les employait pas bien, ils s'emploieraient mal ; mais observant toujours un juste milieu entre le mouvement excessif et la trop grande inaction, il pourvoyait avec une extrême attention à tous leurs besoins, se contentait de peu et se refusait souvent le nécessaire, soit pour leur donner des marques de sa libéralité, soit dans les temps fâcheux où ils souffraient de la disette.

Aussi humain pour ses domestiques que pour le soldat, il ne leur fit jamais sentir la bassesse de leur condition par les caprices d'une humeur inégale et hautaine. Sa douceur et sa bonté, que l'on a si souvent admirées sur le grand théâtre du monde, ne se démentaient point dans l'intérieur de sa famille ; en le voyant de plus près, on le respectait, on l'aimait davantage. Malgré son extrême délicatesse sur les prérogatives de sa maison, il avait horreur des maximes monstrueuses que les grands s'étaient faites, pour s'autoriser à usurper sur les autres hommes une autorité tyrannique, et à les mépriser comme si la naissance, les dignités et les richesses donnaient d'autres avantages solides que celui de pouvoir faire plus de bien. En faisant respecter les distinctions établies pour conserver l'ordre civil, il n'oubliait jamais que, selon la loi naturelle, les hommes ne sont réellement distincts que par la vertu et le mérite.

Accoutumé à vaincre sans ambition, il triomphait sans orgueil ; il défendait le pillage, conservait les fruits de la terre, épargnait autant qu'il pouvait le pays ennemi, et s'était fait une espèce de morale militaire qui lui était propre ; aussi, les ennemis, remplis pour lui de vénération et de tendresse, pleurèrent sa mort autant que les Français même. Les Allemands, pendant plusieurs années, laissèrent en friche l'endroit où il fut tué, et les paysans le montraient comme un lieu sacré ; ils respectèrent le vieil arbre sous lequel il se reposa peu de temps avant sa mort, et ne voulurent point le laisser couper; l'arbre n'a péri que parce que les soldats de toutes les nations en détachèrent des morceaux par respect pour la mémoire de ce grand homme.

Les idées que le vicomte s'était formées du véritable héroïsme le lui avaient fait placer dans une élévation d'âme qui nous rend inaccessibles aux passions des autres et qui nous donne sur les nôtres un empire absolu.

Il passa sa vie sans aucun démêlé personnel. Quand il commença à servir, ce ne fut pas toujours sous des chefs pour qui il eut une grande estime; dans la suite, il eut sous lui des officiers qui ne l'estimaient pas davantage; il commanda avec des généraux fort incompatibles par leurs mœurs et par la jalousie qu'ils avaient de sa gloire; parmi tant de sujets d'impatience, il n'a jamais offensé personne ni montré le moindre emportement; il ne lui est pas même échappé un seul mot indiscret. Quoiqu'il fût né doux et patient, une modération si rare et pratiquée avec tant de confiance ne pouvait être l'effet du seul tempérament; s'il parût quelquefois s'en écarter, ce ne fut jamais que dans les occasions où il s'agissait de soutenir contre les préventions ou les fausses vues des ministres, les intérêts de l'État; alors, sans ménager les siens ni ceux de sa maison, il parla toujours avec la fermeté d'un bon citoyen qui ne craint rien, sinon de manquer à la justice et à sa patrie.

La sobriété lui avait conservé toute sa vigueur dans un âge avancé; il la regardait comme un moyen également propre à maintenir les forces du corps et à augmenter celles de l'esprit; il mangeait peu et ses repas étaient fort courts; par là il se procurait la liberté de travailler en tout temps et s'était rendu infatigable d'esprit et de corps.

Sa modestie l'élevait au-dessus de toutes ses vertus; on la reconnaît pleinement dans les mémoires qu'il nous a laissés écrits de sa main; il y raconte ses plus grandes actions comme des événements communs; il semble qu'il n'y ait eu aucune part et qu'il n'ait rien fait que ce que tout autre aurait pu faire : *Il était au niveau du grand* et n'avait pas besoin d'efforts pour y atteindre.

Dans la conversation, il ne parlait jamais de lui; s'il y était forcé, c'était avec tant de réserve qu'il paraissait ignorer son mérite et la haute idée que les autres en avaient. Lorsqu'il racontait les batailles où il n'avait pas réussi, il se servait toujours de cette expression : « Je perdis » ; quand il parlait de ses victoires, il disait toujours : « Nous gagnâmes ». La simplicité de ses mœurs et celle de ses habits, de sa table et de ses équipages annonçaient sa modestie. Les soins qu'il prenait de sa personne se bornaient à la propreté et à la bienséance ; il n'employait des domestiques que pour les services nécessaires et quelquefois même il les en dispensait avec trop d'indulgence.

S'il y a des situations où l'âme pleine d'elle-même soit en danger d'oublier ce qu'elle doit à Dieu et aux autres hommes, c'est dans ces postes éclatants où un général, par la sagesse de sa conduite, par l'habileté de son commandement et par la valeur de ses troupes devient comme le Dieu des autres hommes et remplit le monde de son nom. Turenne, lui, ne l'oublia jamais.

La nature lui avait donné le grand sens, la pénétration, la justesse, la profondeur d'esprit et toutes les qualités solides, en lui refusant ce feu du génie, cette imagination vive et ces qualités brillantes qui font l'éclat et l'agrément de l'esprit ; ce défaut de vivacité l'empêchait de saisir promptement les objets ; mais, par des réflexions continuelles, il les découvrait avec plus de netteté et les embrassait dans toute leur étendue. Il voyait clairement le but auquel il fallait tendre ; il y allait par les voies les plus simples, et, sans être trop fécond en expédients, il ne manquait jamais de choisir le meilleur.

Dans les affaires pressantes, il se déterminait sans balancer, et lorsqu'il n'était pas obligé d'agir, il délibérait longtemps. Il ne faisait ni ne disait rien d'inutile ; mais il n'oubliait rien de nécessaire ; tous ses ordres étaient clairs et précis, parce qu'il concevait nettement et n'était jamais troublé dans les périls.

Nous avons vu, dans le cours de cette étude, que, par ses réflexions profondes, il avait acquis des connaissances si étendues dans l'art de la guerre, qu'il en avait calculé jusqu'au hasard et les avait réduites en règles.

Il savait remédier aux inconvénients, profiter des avantages, s'accommoder aux temps, aux lieux et aux circonstances, trouver des ressources quand on croyait tout perdu, laisser mûrir une entreprise avec patience, souffrir la critique et le blâme plutôt que d'éventer son secret, aller au-devant des ennemis, prévenir leurs desseins, deviner ce qu'ils feraient par ce qu'ils devaient faire, et, selon le caractère de ceux qu'il avait à combattre, prévoir leurs différentes manœuvres. C'est ainsi qu'il se rendait maître des événements et qu'il semblait les assujettir à ses projets.

Peu de généraux ont possédé aussi parfaitement que lui toutes les différentes parties de la guerre. Tous ses mouvements étaient ajustés au terrain, au temps et à la saison. La grande connaissance du pays où il faisait la guerre, la peine qu'il prenait lui-même d'aller reconnaître les ennemis, et la justesse du coup d'œil pour estimer leur situation l'ont mis au-dessus des plus habiles généraux dans l'art de choisir un camp.

C'est par cet art qu'avec un nombre de troupes fort inférieur, il a souvent résisté aux ennemis les plus formidables.

Il préféra toujours les petites armées aux grandes, comme étant plus rapides dans leurs marches, plus faciles à nourrir et plus maniables dans leurs mouvements; mais, lorsqu'il était à la tête de 30,000 hommes, il les conduisait avec la même intelligence que lorsqu'il n'en avait que 10,000. Au commencement d'une action, on ne remarquait en lui rien d'extraordinaire; à proportion que l'affaire s'engageait, il changeait d'air et de contenance; on le voyait s'élever et s'animer en conservant toujours cette entière liberté d'esprit qui le faisait juger de sang-froid à pourvoir à tout et profiter des moindres fautes de l'ennemi. Il choisissait si bien son terrain qu'il n'a presque jamais été forcé de combattre.

Dans la disposition de ses troupes pour un combat, il rangeait les soldats des différentes nations selon la connaissance qu'il avait de leur génie et réglait le poste des officiers par la capacité plutôt que par le grade. Il n'excellait pas moins dans l'art de faire les sièges; il reconnaissait tout par lui-même, dirigeait les travaux, les visitait continuellement et voulait que *les officiers fussent instruits comme lui des moindres détails*. Il évitait, tout autant qu'il dépendait de lui, de ne prendre aucune place d'assaut, par la crainte que son humanité lui inspirait des excès où se livre le soldat en pareille occasion.

Telles sont, en résumé, les qualités militaires et privées qui ont rendu immortel le maréchal-général vicomte de Turenne, et qui lui méritèrent avec raison l'éloge que lui décerna Montecuculli, d'avoir été « un homme qui faisait honneur à l'homme ».

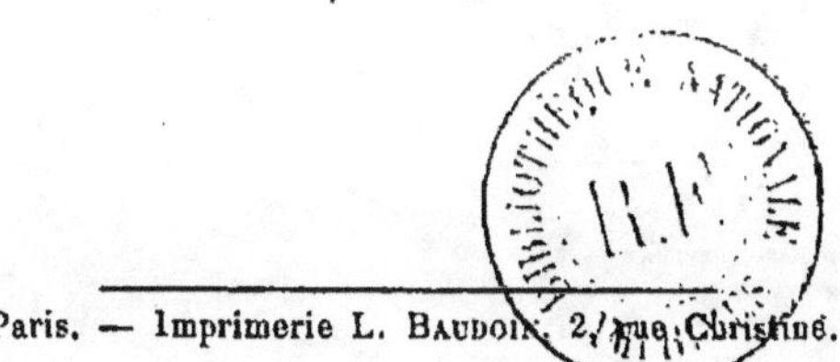

Paris. — Imprimerie L. Baudoin, 2, rue Christine.

www.ingramcontent.com/pod-product-compliance
Lightning Source LLC
LaVergne TN
LVHW010326030726
842520LV00004B/1287